EL PODER
DE LA
CRUZ
EN TU VIDA

D1316498

Libros de Tony Evans publicados por Portavoz:

Alcanza la victoria financiera

¡Basta ya de excusas!

Entre la espada y la pared

El matrimonio sí importa

Nunca es demasiado tarde

El poder de la cruz en tu vida

El poder de los nombres de Dios

Solo para esposas

Solo para esposos

Sexo… una relación diseñada por Dios

Tu destino

Victoria en la guerra espiritual

EL PODER
DE LA
CRUZ
EN TU VIDA

Tony Evans

EDITORIAL
PORTAVOZ

Título del original: *Activating the Power of the Cross* © 2013 por Anthony T. Evans y publicado por Moody Publishers, 820 N. LaSalle Boulevard, Chicago, IL 60610. Traducido con permiso.

Edición en castellano: *El poder de la cruz en tu vida* © 2015 por Editorial Portavoz, filial de Kregel Publications, Grand Rapids, Michigan 49505. Todos los derechos reservados.

EDITORIAL PORTAVOZ
2450 Oak Industrial Dr. NE
Grand Rapids, MI 49505 USA
Visítenos en: www.portavoz.com

ISBN 978-0-8254-1857-0 (rústica)
ISBN 978-0-8254-6401-0 (Kindle)
ISBN 978-0-8254-7938-0 (epub)

1 2 3 4 5 edición / año 24 23 22 21 20 19 18 17 16 15

Impreso en los Estados Unidos de América
Printed in the United States of America

CONTENIDO

INTRODUCCIÓN

Vivimos en la era digital. La tecnología que nos rodea nos permite experimentar avances y oportunidades en nuestra vida cotidiana. Los teléfonos inteligentes ofrecen algo más que un portal para la comunicación. Nos ofrecen la opción de explorar, vigilar nuestro progreso físico, presupuestar nuestras finanzas, llegar a donde tenemos que ir, jugar, escuchar música, ver películas, y mucho más. La televisión nos presenta el mundo entero en la comodidad de nuestro hogar. Las computadoras nos otorgan la capacidad de crear, escribir, producir, planificar, diseñar y hacer muchas cosas más.

Pero dedica un momento a imaginar cómo sería nuestra vida si ninguno de estos elementos convenientes y beneficiosos de la tecnología estuviera conectado. Aunque todavía contendrían en su interior todo lo necesario para proporcionarnos lo que necesitamos, serían inútiles. Las incontables horas, millones de dólares y mucho talento que habrían sido invertidos en la creación y producción de estos dispositivos tecnológicos no se podrían aprovechar en todo su potencial.

Eso sería una enorme pérdida.

Sin embargo, hay algo mucho más poderoso que la tecnología de hoy que también tiene la capacidad de influir positivamente en todos los aspectos de tu vida y, no obstante, con frecuencia puede quedar desactivado. La cruz es un recurso de 2000 años de antigüedad que a menudo no es aprovechado. Si no sabes cómo activar el poder de la cruz —teniendo acceso de ese modo a todo lo que está contenido dentro y a través de ella— o dejas de activar ese poder, todos los beneficios, bendiciones y poder permanecen solo en estado latente.

Tienes que activar el poder de la cruz a fin de experimentar toda su potencia.

Espero que este libro te ayude a entender y utilizar el poder de la cruz para que vivas una vida plena de la victoria que ha sido ganada para ti por medio de ese fenómeno único llamado la cruz de Jesucristo.

1

La centralidad de la cruz

Como niño que creció en Baltimore, los sábados yo seguía una rutina habitual. Primero, me dedicaba a terminar las tareas de la casa que mi mamá me había encargado. Luego, cuando todos mis deberes los tenía hechos —por lo general al mediodía—, me marchaba al Diamante.

El "Diamante" era un gran campo situado a pocos minutos de mi casa, donde los chicos nos reuníamos todos los sábados para jugar fútbol americano.

Nunca me cansaba del fútbol. Era mi pasión. A pesar de jugar fútbol en la escuela toda la semana e incluso participar a veces en un partido el viernes por la noche, todos los sábados me podías hallar en el Diamante.

En una ocasión, nos encontrábamos todos juntos en el Diamante para nuestro partido del sábado por la tarde. Generalmente, jugábamos desde el mediodía hasta la noche. Como siempre, nos repartimos en dos equipos, y el juego estaba a punto de comenzar. Sin embargo, cuando cada uno estaba ya preparado en su puesto correspondiente, empezamos a mirar a nuestro alrededor en busca de la pelota. Lamentablemente, ese sábado en particular nadie había traído una pelota de fútbol.

Habíamos dedicado tiempo para ir al Diamante y habíamos sido proactivos en elegir los equipos con el fin de comenzar el partido, pero todo llegó a un abrupto final por la sencilla razón de que la pelota no estaba presente en el campo de batalla. No pudimos llevar a cabo aquello para lo que nos habíamos reunido, porque lo principal no estaba.

¿No es increíble cómo algo tan pequeño puede tener tanto peso? La gente estaba allí. El campo estaba allí. El plan estaba allí. Los espectadores estaban allí. Los equipos estaban allí. Sin embargo, debido a que lo principal no estaba, lo demás no importaba.

No podíamos jugar fútbol sin la pelota.

Como bien sabes, en un partido de fútbol la pelota es el factor determinante. Toda la acción, todos los planes, estrategias, jugadas, pases de la pelota, goles, puntuación, quién gana, quién pierde, todo se mide en función de la pelota. En general, los jugadores se pelean por la pelota, se alegran cuando la tienen y se esfuerzan al máximo por poseerla.

En pocas palabras, si la pelota no está presente en un partido de fútbol, no hay partido. Sin la pelota, todo lo demás que sucede en un estadio —o en un campo como el Diamante donde yo jugaba— es una pérdida de tiempo.

No hace falta decirlo: en un partido de fútbol, la pelota es lo más importante.

Amigo, quiero decirte algo increíblemente

importante para ti: en el cristianismo, la cruz es lo principal.

Lo que Jesús satisfizo y ganó en la cruz es lo principal. Sin eso, no hay poder, ni libertad, ni perdón, ni autoridad, ni fuerza, ni victoria, nada en absoluto. La cruz es lo principal.

> **SI DEJAMOS A UN LADO LA CRUZ, SOLO NOS QUEDA EL CASCARÓN VACÍO DE LO QUE LLAMAMOS RELIGIÓN.**

Cada año, en Semana Santa, la gente normalmente se centra en la cruz. Recordamos que la muerte de Cristo pagó el castigo por nuestros pecados. Meditamos sobre cómo la realidad de la cruz permite a los que creen y confían en Jesucristo pasar la eternidad en el cielo. Sin embargo, una vez que pasa la Pascua, volvemos a menudo a nuestros propios asuntos y rutinas, y tratamos de vivir nuestra vida sin la cruz de Cristo como el foco central.

Eso tiene tanto sentido como si la Liga Nacional de Fútbol proporcionara un balón de fútbol para el Super Bowl y no utilizara ninguno para las otras semanas de la temporada que llevan a la gran final. Sin una pelota cada semana, tener una en la gran final (el Super Bowl) no beneficia a nadie.

No es suficiente con reunirnos en el lugar correcto cada domingo: el templo. No es suficiente con reunirnos con las personas adecuadas en nuestra vida: los creyentes. No es suficiente que exista un programa y un plan, o que haya libros, seminarios, tiempo de adoración los domingos y tiempo devocional personal durante toda la semana. Todo eso es bueno y es esencial. Pero todo eso no significa nada sin la centralidad de lo principal: la cruz. Si dejamos a un lado la cruz, solo nos queda el cascarón vacío de lo que llamamos religión.

Nos quedamos con un conjunto vacío de reglas, leyes, requisitos, juicios, y todo lo demás para tratar de legislar la espiritualidad sin el poder, la intimidad, la gracia y la capacidad de vivir una vida espiritualmente victoriosa. Como resultado, el creyente se encuentra a sí mismo en derrota perpetua: nunca dando la talla, nunca superando totalmente sus luchas, nunca elevándose por encima de sus circunstancias.

Por desgracia, muchos creyentes no logran cumplir con su destino ni alcanzan la plena manifestación de su propio valor, simplemente porque están funcionando sin el poder y la liberación de la cruz. Están tratando de vivir la vida cristiana sin lo que es esencial, lo cual tiene tanto sentido como tratar de jugar un partido de fútbol sin tener una pelota.

Muchas veces llevamos una cruz en el cuello. También colgamos cuadros y réplicas de la cruz en nuestros hogares y templos. Algunos incluso la tatúan en partes de su cuerpo o la llevan colgando de los lóbulos. Sin embargo, al hacer eso, corremos el riesgo de negar a la cruz su verdadero significado y valor. Corremos el riesgo de menospreciar su auténtico poder. La hemos convertido en un emblema, amuleto de buena suerte o decoración, en vez de aprovechar la autoridad y la habilidad que la cruz otorga.

Fundamentalmente, hemos convertido la cruz en nada más que una réplica para inducir sentido de culpa en vez de lo que es: la afirmación y demostración más grande de puro amor.

El problema hoy en nuestra vida personal, hogares, iglesias y comunidades no es un problema de falta de conocimiento, ni de falta de habilidades. Ni siquiera es del todo un problema de falta de motivación. Muchos creyentes hoy quieren vivir en victoria, pero, no obstante, viven continuamente vidas derrotadas.

El problema que enfrentamos en nuestra cultura cristiana moderna, contemporánea, es que hemos olvidado el propósito, la preeminencia y el poder de la cruz. Lo vemos como un ícono que refleja algo que sucedió hace miles de años, pero que tiene poca relevancia para nosotros hoy.

Demasiados cristianos consideran la cruz como un hecho histórico que un día los llevará al cielo y no como un evento actual que les ofrece todo lo que necesitan para traer el cielo a la Tierra.

Pablo escribe acerca de la cruz

Al escribir a su audiencia en Galacia, Pablo les instó una y otra vez, de una forma u otra, a recordar a Cristo y la cruz. Cuando concluía su carta a los Gálatas, él hizo lo que nosotros hacemos a menudo hoy por medio del uso de la letra cursiva, o negrita, del subrayado, u otra forma de resaltar. Hizo hincapié en lo que quería decir escribiendo con letras grandes. En esencia, Pablo estaba diciendo: "Yo no quiero que te pierdas esta parte. Todo lo que he dicho hasta ahora es importante, pero esta parte es fundamental. Esta parte es la que no quiero que olvides nunca. Presta atención. Lee cuidadosamente. Que sepas que esto viene directamente de mí".

Pablo escribió con "grandes letras" de su propia mano (Gá. 6:11) para asegurar a los lectores que él era el que escribía, y que la verdad que les estaba diciendo provenía de una sola fuente. Él escribió en el versículo 14: "Pero lejos esté de mí gloriarme, sino en la cruz de nuestro Señor Jesucristo".

El apóstol ya hacía tiempo que era salvo. Sin embargo, él seguía diciendo: "Yo solo voy a jactarme de la cruz". Él no dejó que la realidad histórica de la cruz se perdiera en su mente, pensamientos, función, enseñanza o llamamiento. El único punto de referencia para su vida era la cruz de Cristo. Pablo escribió antes en su carta a los Gálatas un versículo que examinaremos con más detalle en el último capítulo, pues contiene un mensaje que debe ser el punto central de nuestra vida cristiana:

Con Cristo estoy juntamente crucificado, y ya no vivo yo, mas vive Cristo en mí; y lo que ahora vivo en la carne, lo vivo en la fe del Hijo de Dios, el cual me amó y se entregó a sí mismo por mí (Gá. 2:20).

Para Pablo, la cruz no era un adorno o un ícono. La cruz era el centro de su propia existencia. La cruz era el aire de toda su respiración, los latidos de su corazón y la propia esencia de su significado. Era el poder para superar sus debilidades. Era su identidad y su esperanza.

Religión o relación

La razón por la que Pablo dedicó tanto esfuerzo en centrarse en la cruz en su carta a la iglesia en Galacia era porque ellos estaban confundidos acerca de lo que significaba la verdadera espiritualidad y poder. Habían comenzado a mirar a la carne —algo que fácilmente hacemos muchos de nosotros— en vez de mirar al poder de Cristo. Pablo nos da una idea de su forma de pensar cuando escribe:

¡Oh gálatas insensatos! ¿quién os fascinó para no obedecer a la verdad, a vosotros ante cuyos ojos Jesucristo fue ya presentado claramente entre vosotros como crucificado? Esto solo quiero saber de vosotros: ¿Recibisteis el Espíritu por las obras de la ley, o por el oír con fe? ¿Tan necios sois? ¿Habiendo comenzado por el Espíritu, ahora vais a acabar por la carne? (Gá. 3:1-3).

Los miembros de las iglesias en Galacia ya no estaban buscando el poder suministrado por medio de la muerte de Cristo en la cruz y la llegada del Espíritu Santo; más bien lo estaban buscando en sí mismos. Buscaban vivir sus vidas de acuerdo a lo que ellos podían hacer, en vez de lo que Cristo ya había hecho. Pablo era muy consciente de cómo esa forma de pensar se había infiltrado en el corazón de ellos. Él nos revela esto unos capítulos más adelante, cuando escribe:

Mirad con cuán grandes letras os escribo de mi propia mano. Todos los que quieren agradar en la carne, éstos os obligan a que os circuncidéis, solamente para no padecer persecución a causa de la cruz de Cristo (Gá. 6:11-12).

Pablo hace una declaración profunda en este versículo. Si lo captas y lo comprendes por completo, eso puede llevarte en una dirección totalmente nueva para tu vida cristiana. Había algo en el camino de los cristianos de Galacia que les impedía experimentar la plenitud de Jesucristo. Lo que los privaba de vivir las bendiciones de la experiencia cristiana era la religión.

La religión se había interpuesto en el camino de la cruz.

En ese tiempo, la circuncisión era el símbolo externo del compromiso y la participación religiosa. De hecho, había un grupo específico de personas que seguía a Pablo a dondequiera que él iba. Cada vez que él comenzaba una iglesia, ellos intentaban interferir con las creencias esenciales de la iglesia.

Este grupo de personas fue conocido como los "judaizantes".

El término "judaizante" viene del verbo griego original *ioudaízo*, que significa "vivir de acuerdo con las costumbres judías". Los judaizantes eran un grupo de fieles judíos que todavía vivían adheridos a las normas religiosas del Antiguo Testamento. Debido a esto, ellos procuraban que los nuevos cristianos cumplieran con las prácticas religiosas externas, que estaban simbolizadas por la principal de estas, conocida como la circuncisión. Los judaizantes estaban tratando de socavar el mensaje de la cruz. Ellos tenían religión, pero no tenían una relación personal con Jesucristo.

Con todo lo sincera que pueda ser, siempre que la actividad religiosa gana sobre la relación, el poder de Jesucristo ya no se experimenta en la vida del creyente. Uno de los mayores peligros en nuestras iglesias hoy es que la religión reemplace la relación íntima con el Salvador. Por religión, estoy haciendo referencia a la adhesión externa a los ejercicios, códigos o normas que se practican en el nombre de Dios, pero, no obstante, aparte de Dios.

Por ejemplo, si tú vas al templo porque eso es religioso o espiritual, es algo que hay que hacer y no porque te sientes motivado a dedicar tiempo a adorar a Dios, aprender de Él y entrar en su presencia, a eso se le llama religión. La religión es algo que haces por Dios que no brota de un corazón conectado con Él.

Una de las tareas que hice cuando estudiaba en el seminario consistió en escribir un trabajo de investigación. Lo recuerdo en particular porque, cuando lo entregué, me sentía muy orgulloso del trabajo. Lo había hecho con toda diligencia. Había logrado dominar la temática y había analizado todos los posibles elementos característicos de los argumentos. Estaba muy satisfecho de mi trabajo escrito.

Sin embargo, cuando mi profesor me devolvió el trabajo, había un cero rojo grande y notorio en la parte superior, junto con una nota más pequeña en la parte inferior. En una nota apresurada, mi profesor había escrito: "Tony, gran trabajo y gran preparación, pero tema equivocado".

No era que yo no hubiera hecho un buen trabajo; el problema era que yo había investigado el tema equivocado. Como resultado, no recibí el reconocimiento por lo que había hecho.

El cristianismo no es diferente. No es que no haya muchísimas personas haciendo un montón de cosas excelentes. No es que muchas de esas mismas personas no acudan al templo, ayuden a los que sufren, o digan todas las trivialidades espirituales correctas. Es solo que han perdido de vista la cruz. Han perdido a Jesucristo y, después, se preguntan por qué no reciben ningún reconocimiento. Se preguntan por qué no están experimentando ninguna victoria, poder, esperanza y autoridad.

Amigo, las observancias externas —las reglas de la religión— se pueden interponer realmente en el camino de una relación. A menudo, esas normas religiosas se llaman "legalismo". Lo que el legalismo hace es medir tu espiritualidad por tu actividad. Dentro del legalismo, tú siempre tienes que hacer más, ser mejor, ir más lejos, orar más y esforzarte más. La lista sigue y sigue. Uno de los problemas con el legalismo es que nunca se sabe cuándo llegas al final de la lista, porque siempre hay algo más que añadir en ella.

Pablo escribió palabras severas para aquellos que contemplaban seguir la ruta de la religión de los judaizantes. En Gálatas 5, el apóstol dijo: "Estad, pues, firmes en la libertad con que Cristo nos hizo libres, y no estéis otra vez sujetos al yugo de esclavitud. He aquí, yo Pablo os digo que si os circuncidáis, de nada os aprovechará Cristo… De Cristo os desligasteis, los que por la ley os justificáis; de la gracia habéis caído" (Gá. 5:1, 2, 4).

> **DIOS NO QUIERE QUE TÚ LE SIRVAS SOLO PORQUE SE SUPONE QUE DEBES HACERLO; ÉL QUIERE QUE LE SIRVAS PORQUE LE AMAS.**

Pablo usa las expresiones "de Cristo os desligasteis" y "de la gracia habéis caído" para indicar que Jesucristo ya no es de beneficio para ti en la Tierra. Pierdes toda su fuerza, intimidad, poder y todo lo que Él tiene para ofrecer, si decides ser religioso por tu cuenta. La profundidad de esta verdad es enorme. Lo que está diciendo es que la actividad religiosa puede realmente impedir que los cristianos experimenten al Señor. La actividad de la iglesia puede en realidad alejarte de Cristo. La justicia propia puede privarte de la verdadera justicia.

Por ejemplo, una mujer casada que verifica una lista de cosas que tiene por hacer en su casa porque se siente bajo presión, busca aprobación, o se ve amenazada por su marido, refleja una relación muy diferente a una mujer casada que hace la misma lista porque ella está motivada por el amor. La actividad puede ser la misma; de hecho, podría ser idéntica. Pero la motivación cambia los resultados y los beneficios inherentes en la actividad.

Una de las maneras en que muchos pastores usan mal y abusan de su posición es por medio de predicar religión. Procuran que el púlpito controle a los fieles por medio de la culpa religiosa. Esos pastores recurren a la Biblia para que la congregación se sienta culpable, e insisten en que los miembros den más o simplemente les dicen que no están haciendo lo suficiente. Pero eso es religión. Eso es legalismo. Es también la muerte espiritual.

Dios no quiere que tú le sirvas solo porque se supone que debes hacerlo; Él quiere que le sirvas porque le amas. Él quiere que tu moralidad, tu vida de oración, dedicación a Él, y todo lo demás se base en tu relación con Él y no en los deberes religiosos. En vez de quedar definido por lo que haces, Él quiere que tú seas definido por quién conoces: a Jesucristo.

Dos crucifixiones

Pablo dice que hay dos crucifixiones que deben ocurrir en la cruz con el fin de vivir una vida cristiana victoriosa: la de Jesús y la tuya propia. Él hace hincapié en este punto en la última parte de Gálatas 6:14 cuando escribe de sí mismo: "Pero lejos esté de mí gloriarme, sino en la cruz de nuestro Señor Jesucristo, por quien el mundo me es crucificado a mí, y yo al mundo".

Identificarse con Jesucristo es identificarse con la cruz. En otras palabras, en la cruz, Pablo fue crucificado a todas las cosas que pertenecen a este mundo. Estar "crucificado" con Jesús desconectó a Pablo del orden de este mundo, y lo unió y lo alineó con Cristo. Pablo afirma que la relación con Cristo reemplaza a todo lo que este mundo tiene para ofrecer.

La palabra "mundo" en el griego es *kósmos*. Se refiere a un sistema mundial organizado o arreglo diseñado para promover un determinado énfasis o filosofía. Por ejemplo, a menudo hablamos sobre el "mundo de los deportes", o el "mundo de las finanzas", o el "mundo de la política". Estas frases no se están refiriendo a una ubicación o lugar. Están haciendo referencia a un sistema organizado inclusivo de ciertas definiciones, normas y cosmovisiones filosóficas.

Cuando Pablo afirma que ha sido crucificado con Cristo, él está diciendo que ya no está vivo para el sistema de este mundo que quiere dejar a Dios fuera. Se negó a aceptar una mentalidad mundana. Él estaba crucificado a las estrategias y normas que se establecen para tratar de hacer que la humanidad sea aceptable a Dios, independientemente de Dios.

No sé si alguna vez lo has notado, pero el mundo no tiene problemas con la religión. El mundo no solo tolera la religión, sino que con frecuencia incluso la abraza. Las religiones dominan gran parte de los sistemas de la humanidad en todo el mundo. Sin embargo, lo que el mundo no va a tolerar es la cruz de Jesucristo. Tan pronto como pones a Jesús en la ecuación, has llegado a ser demasiado específico. Quedarse con referencias a Dios está bien, porque eso puede ser genérico y vago. Pero una vez que incluyes a Jesús para que sea parte de la vida o de una visión del mundo, su participación se vuelve demasiado estrecha para muchas personas.

En realidad, la cruz se tolera, a menudo, incluso más que la imagen de Cristo en la cruz. En esos casos, la gente solo la ve como un símbolo religioso y no como un instrumento de sacrificio relacional. Sin embargo, la clave de la cruz no son las dos vigas de madera, una vertical y otra horizontal. La clave de la cruz es Aquel que colgaba sobre ella como un sacrificio sin pecado.

Llevar tu cruz

Amigo, cuanto más religioso te haces, tanto más alejado de Cristo estás. La cruz no tiene que ver con religión. Es la expresión de un amor eterno y el pago de todos los pecados —pasados, presentes y futuros— de la humanidad, incluyendo los tuyos.

Considera el eje de una rueda. Si algo le sucede al eje, los radios se desconectan. Del mismo modo, si tú no puedes hacer de la cruz el foco central de tu vida —tu identidad en Cristo—, corres el riesgo de experimentar desconexión extrema en las diversas áreas de lo que haces.

No permitas que te defina el sistema mundial que deja a Dios fuera. No te dejes engañar por la creencia de que tú lo puedes hacer por ti mismo entrando y saliendo de ambos. ¿Has ido alguna vez a nadar a un océano o lago muy profundo? Si intentas nadar a varios cientos de metros de profundidad dentro del agua, no sobrevivirás, sencillamente porque tu cuerpo no fue hecho para ese entorno. Sin el equipo adecuado, allí no durarás más que unos pocos minutos.

> **Tenemos algunas ideas equivocadas sobre lo que significa llevar, o cargar, nuestra cruz.**

Amigo, la cruz es tu equipo en este mundo. Es tu sistema de orientación. Es tu identidad. Es tu oxígeno. Es tu punto de referencia. Es tu vida. ¿Por qué tantos creyentes tienen dificultades en vivir vidas victoriosas en el mundo? Es porque ellos no están dispuestos a cargar su cruz. Jesús dijo: "Si alguno quiere venir en pos de mí, niéguese a sí mismo, y tome su cruz, y sígame" (Mt. 16:24). Él no dijo que tienes que cargar tu cruz y luego dejarla. Dijo que tienes que tomar y llevar tu cruz.

Negarse a sí mismo es una forma de morir a sí mismo. Se trata de una declaración continua, como Pablo señaló en su carta a los Corintios: "Os aseguro, hermanos, por la gloria que de vosotros tengo en nuestro Señor Jesucristo, *que cada día muero*" (1 Co. 15:31). La cruz representa la conexión en todo momento e identificación con Jesucristo, y el propósito de su vida, muerte, sepultura y resurrección. Es el reconocimiento de la dependencia total y completa en Cristo y su suficiencia, junto con el reconocimiento del pecado personal.

Jesús quiere ser más importante para ti que tus propias comodidades. Al igual que Mateo, Lucas también registró las palabras de Jesús cuando escribió en su Evangelio: "El que no lleva su cruz y viene en pos de mí, no puede ser mi discípulo" (14:27). Tú debes llevar tu cruz, no la cruz de Jesús. Él se hizo cargo de la suya propia. Si tú deseas seguir a Jesús, tienes que llevar tu cruz.

Tenemos algunas ideas equivocadas sobre lo que significa llevar, o cargar, nuestra cruz. Un problema físico persistente, problemas con los suegros o con vecinos ruidosos, ninguna de estas situaciones constituye una cruz. Así, pues, ¿qué significa llevar tu cruz?

La crucifixión fue inventada en la antigua Roma. Cuando los oficiales romanos querían sacar a un criminal condenado a la exposición pública para humillarlo, lo paseaban por la calle llevando el travesaño de su cruz. Llevar su cruz hasta el lugar de ejecución era una demostración de que el individuo era culpable del delito por el que se le condenaba.

Llevar tu cruz significa soportar la afrenta de Jesucristo. Es estar tan identificado con Él que, cuando te acusan de ser un cristiano, te encuentran culpable. Cuando alguien te acusa de ser su discípulo, dices: "Me has pillado". En otras palabras, llevar tu propia cruz es admitir públicamente que eres culpable de estar comprometido con Cristo; eres culpable de ponerle a Él primero.

¿Qué significa esto en términos prácticos? Una joven lleva su cruz cuando le dice a su novio: "No puedo acostarme contigo porque soy cristiana". Es cuando un hombre de negocios dice: "Yo no puedo hacer eso porque es inmoral. Soy un discípulo de Cristo y tengo objetivos diferentes". Llevar tu cruz es morir a ti mismo y a lo que tú quieres; significa poner primero a Jesús. No es cómodo llevar una cruz; se necesita dedicación.

Religión y títulos religiosos no significan nada. Cuando se colocan sobre el telón de fondo de la cruz, la parafernalia externa y los deberes religiosos no cuentan para nada. Lo que importa es tu identificación con Jesucristo y la vida nueva que Él trae cuando Él vive dentro de ti. Pablo nos dice, mientras continúa su carta a los Gálatas: "Ni la circuncisión vale nada, ni la incircuncisión, sino una nueva creación" (Gá. 6:15). Así mismo, él escribe en su carta a los Corintios: "De modo que si alguno está en Cristo, nueva criatura es; las cosas viejas pasaron; he aquí todas son hechas nuevas" (2 Co. 5:17).

Para ti, como creyente, la victoria en tus decisiones en la vida diaria —las emociones, finanzas y en todas las cosas— depende por completo de tu apego a Jesucristo y a lo que Él hizo en la cruz a tu favor. Descansa en su obra, no en la tuya propia. Está ligado a la nueva creación dentro de ti, no a la carne.

Pablo concluye su carta a los creyentes de Galacia con este pensamiento final. Reflexionando sobre el fruto de una vida conectada a la cruz, escribe: "Y a todos los que anden conforme a esta regla, paz y misericordia sea a ellos, y al Israel de Dios" (Gá. 6:16).

Así pues, si estamos conectados a Él, ¿por qué a menudo sentimos a Dios tan lejos? Se debe a que no estamos funcionando según esta regla. Pablo dice que si tú caminas de acuerdo a la regla de la cruz —es decir, alineando tu forma de pensar, moverte y funcionar con la centralidad de la cruz—, experimentarás los beneficios de Dios. Estos beneficios incluyen tanto la paz como la misericordia.

Por otro lado, cuando estás simplemente satisfecho con la religión o la actividad religiosa —o incluso cuando has puesto tu confianza en tus deberes religiosos para obtener el favor de Dios—, te has desligado de Cristo y has caído de la gracia.

Caer de la gracia es un acontecimiento bastante drástico. La gracia es la provisión de todo lo que tú necesitas para vivir una vida de abundancia y paz. Para comprender mejor lo que significan las expresiones "de Cristo os desligasteis" o "de la gracia habéis caído" (5:4), tengo que comparar la situación con la electricidad. La electricidad es el flujo de energía que hace que las cosas funcionen en tu casa. Prácticamente todo en tu casa funciona gracias a la electricidad. Tus electrodomésticos, luces, calefacción, aire acondicionado, computadoras, televisión, y muchas otras cosas funcionan porque están recibiendo electricidad.

Si se corta la electricidad, el flujo de energía se detiene. No es que ya no tengas tus posesiones, ni que no las compraste. Tú todavía eres dueño de tus aparatos eléctricos y electrodomésticos. Pero puedes tener algo que has pagado y no disfrutar de ello simplemente porque el flujo de electricidad ya no está ahí para darles la energía que necesitan.

Estar separado de Cristo, o caer de la gracia, significa que el flujo de lo que Dios quiere hacer en ti y por medio de ti ya no está en funcionamiento. Tú esencialmente estás desenchufado, o desconectado, del poder de Jesús, a pesar de que todavía tienes toda la parafernalia de la religión. Por tanto, tu esperanza ha desaparecido, tu paz ha desaparecido, y tu valor, tu fe y tu autoridad han desaparecido.

Por otro lado, los que funcionan según la regla de la cruz van a experimentar una paz que sobrepasa todo entendimiento. El Espíritu de Dios impregnará todo lo que haces de tal forma que empiezas a pensar de forma diferente, a actuar de manera diferente, a vivir de manera diferente, a amar de manera diferente, e incluso te reconocerás a ti mismo en una luz diferente. Estás lleno de poder porque el fluir del Espíritu viene a cada creyente por medio de lo que ha sido hecho en la cruz. Dios estará obrando en ti, contigo, por medio de ti, por ti y para ti.

En resumen, sin electricidad, muchas de las cosas

que tienes en tu casa serían inutilizables. Sin una pelota, cada partido que consta de dos equipos con once jugadores reunidos en los campos de fútbol de todo nuestro país sería imposible jugar. La electricidad es esencial para darle poder a los aparatos diseñados para funcionar con ella. Una pelota de fútbol es esencial para el juego que fue diseñado en torno a ella. La cruz, mi amigo, es esencial para tu habilitación y capacitación a fin de vivir una vida abundante y victoriosa, que se define por la paz y la misericordia.

Nunca permitas que la religión se interponga en el camino de tu relación con Jesucristo. Más bien, quita la cruz colgada de tu cuello y en su lugar llévala en tu corazón. Tú has sido crucificado con Cristo y, como resultado, eres una nueva creación.

2

LA AUTORIDAD
DE LA CRUZ

Mi llamamiento desde que tenía dieciocho años siempre ha sido predicar. Ya sea que eso signifique proclamar la Palabra de Dios en nuestra iglesia en Dallas los domingos y miércoles, o viajar a predicar en lugares e iglesias en otras partes, siempre me encontrarás predicando varias veces por semana.

Con tantos viajes, conozco muy bien cómo funciona American Airlines. Por eso no me sorprendió cuando, hace un tiempo, recibí un paquete en el correo de esa línea aérea. Ese paquete en particular se centraba en las ventajas que yo podía disfrutar como viajero frecuente en la categoría platino. Contenía un libro de los beneficios que había acumulado debido a la gran cantidad de millas que había volado.

Al principio, dejé el libro a un lado sobre una pila de papeles. No despertó mi interés de inmediato. Lo que más me interesaba era saber dónde abordar el avión para llegar a mi destino. Pensé que lo que yo sabía tenía tanto valor como lo que había en el paquete.

> LO QUE LA CRUZ TE PROPORCIONA
> A TI Y A MÍ ES LA OPORTUNIDAD
> DE VER LO QUE DIOS PUEDE
> HACER MÁS ALLÁ DE LA RUTINA
> NORMAL DE CADA DÍA.

Pero, unas semanas más tarde, me encontré de nuevo con el paquete. Por alguna razón, esta vez me animé a hojearlo. Al hacerlo, descubrí una serie de beneficios de los que yo no era consciente. En realidad, había importantes oportunidades para que me beneficiara de las ventajas que yo no utilizaba. Había opciones de mejora de clase, de reserva, y opciones de acceso de prioridad, entre otras. Todos esos beneficios habían estado allí para que yo los utilizara todo el tiempo, pero yo no los usaba porque no había investigado lo que me ofrecía mi relación con la empresa.

Al no conocer plenamente los privilegios que me daba mi relación de nivel platino con American Airlines, no me di cuenta de mi gran "herencia" en esa línea aérea y no la pude experimentar.

Es lamentable que muchos cristianos acudan al templo todos los domingos y miércoles sin ser conscientes de los derechos y privilegios que la cruz de Cristo les ha brindado. No son capaces de maximizar y aprovechar los beneficios que Dios ha ordenado y legado para sus santos. Conocer la existencia de la cruz sin conocer la autoridad y los beneficios de la cruz te mantendrá sin experimentar todo lo que Dios tiene reservado para ti.

Lo que la cruz nos proporciona a ti y a mí es la oportunidad de ver lo que Dios puede hacer más allá de la rutina normal de cada día. La cruz es la clave para que Dios Padre invada las circunstancias difíciles o rutinarias de la vida al igual que invadió la tumba de Jesús cuando el Señor murió en la cruz. Las circunstancias cambiaron por completo cuando el poder y la autoridad de Dios fueron revelados.

Muchos cristianos cantan y hablan sobre el poder de Dios, pero nunca pueden dar fe de haber experimentado el poder divino ya que nunca han accedido a su poder. Nunca le han visto activar, girar y cambiar las cosas más allá de su humana comprensión.

¿Has visto alguna vez una película de acción y aventura en la que el héroe está tratando de localizar un artefacto o tesoro especial? Durante todo el camino se enfrenta una y otra vez a la oposición que viene del enemigo que trata de evitar que el protagonista llegue a su meta y se beneficie del premio.

Esas películas a menudo me recuerdan lo que Satanás intenta hacer en la vida de los creyentes. Tú y yo tenemos un tesoro precioso, una posesión única, que nuestro enemigo no quiere que descubramos. Tenemos beneficios disponibles para nosotros que él no quiere que los consigamos. Por ello, él nunca cesará en intentar frenarnos para que no nos hagamos con el tesoro que Dios tiene para nosotros.

Pablo nos da una idea de los beneficios y la autoridad que el tesoro de la cruz tiene para ofrecernos cuando escribe a la iglesia de Éfeso. Sin embargo, su carta a los Efesios es diferente de muchos otros pasajes. Probablemente no recibiría una calificación de aprobado en un curso de redacción en español.

En los versículos del tres al doce del primer capítulo, Pablo escribe un párrafo muy largo en el idioma original griego. Podría ser que se sintiera tan apasionado acerca de lo que estaba diciendo que ni siquiera se tomó el tiempo para hacer una pausa entre las palabras. En vez de eso, siguió y siguió sin parar. Parece que el apóstol no podía dejarlo.

No obstante, tiene sentido que Pablo estuviera fuera de sí en relación con este tema. Lo que él comparte con la iglesia es digno de entusiasmo. Él habla de la autoridad, los beneficios y las posesiones más preciadas que los creyentes tienen debido a la cruz.

Las verdades presentes en este pasaje son tan increíblemente potentes que no me atrevo a pasar por encima de ellas mediante una declaración resumida. Sé paciente y sigue la redacción del texto en español con las pausas y los párrafos insertados. Leemos:

> Alabado sea Dios, Padre de nuestro Señor Jesucristo, que nos ha bendecido en las regiones celestiales con toda bendición espiritual en Cristo. Dios nos escogió en él antes de la creación del mundo, para que seamos santos y sin mancha delante de él.
>
> En amor nos predestinó para ser adoptados

como hijos suyos por medio de Jesucristo, según el buen propósito de su voluntad, para alabanza de su gloriosa gracia, que nos concedió en su Amado.

En él tenemos la redención mediante su sangre, el perdón de nuestros pecados, conforme a las riquezas de la gracia que Dios nos dio en abundancia con toda sabiduría y entendimiento. Él nos hizo conocer el misterio de su voluntad conforme al buen propósito que de antemano estableció en Cristo, para llevarlo a cabo cuando se cumpliera el tiempo: reunir en él todas las cosas, tanto las del cielo como las de la tierra.

En Cristo también fuimos hechos herederos, pues fuimos predestinados según el plan de aquel que hace todas las cosas conforme al designio de su voluntad, a fin de que nosotros, que ya hemos puesto nuestra esperanza en Cristo, seamos para alabanza de su gloria.

En él también ustedes, cuando oyeron el mensaje de la verdad, el evangelio que les trajo la salvación, y lo creyeron, fueron marcados con el sello que es el Espíritu Santo prometido. *Éste garantiza nuestra herencia* hasta que llegue la redención final del pueblo adquirido por Dios, para alabanza de su gloria.

Por eso yo, por mi parte, desde que me enteré de la fe que tienen en el Señor Jesús y del amor que demuestran por todos los santos, no he dejado de dar gracias por ustedes al recordarlos en mis oraciones. Pido que el Dios de nuestro

Señor Jesucristo, el Padre glorioso, les dé el Espíritu de sabiduría y de revelación, para que lo conozcan mejor.

Pido también que les sean iluminados los ojos del corazón para que sepan a qué esperanza él los ha llamado, cuál es la riqueza de su gloriosa herencia entre los santos, y cuán incomparable es la grandeza de su poder a favor de los que creemos (Ef. 1:3-19, NVI).

Al llegar Pablo al final de su largo párrafo sin pausa, él hace una declaración importante. Pide a Dios que ilumine el entendimiento de aquellos a quienes está dirigiendo la carta. El apóstol desea que ellos conozcan todo lo que han ganado por medio del sacrificio expiatorio de Cristo en la cruz. Así como yo, que no era consciente de los beneficios que había acumulado como un viajero de categoría platino en American Airlines y, por tanto, no era capaz de acceder a esos beneficios, Pablo no quería que los creyentes quedaran sin acceso a la fuerza, el poder y la grandeza que Dios tiene reservado para nosotros.

En otras palabras, Pablo estaba diciendo que la intención de Dios es que tú puedas disfrutar de su bondad en la Tierra antes de ir al cielo. Él ha establecido las "arras [garantía] de nuestra herencia" para que puedas acceder a ella en este momento. En griego, la palabra "arras" puede significar "pago inicial". Por medio de la cruz, Dios ha reservado un "pago inicial" en el cielo para que tú lo recibas mientras estás aquí en la Tierra.

Como creyente, tú estás en tu camino al cielo. Sin embargo, no hay necesidad de que esperes hasta que llegues allí antes de sentir y experimentar cómo es el cielo. Dios ha asignado un pedazo de cielo para ti en este momento.

¿Tienes curiosidad por saber qué es ese pago inicial? ¿O lo que ya ha sido puesto en el testamento para ti como prenda de tu herencia? Pablo lo resumió al final de su tratado sobre la salvación cuando dijo: *"...para que sepan a qué esperanza él los ha llamado, cuál es la riqueza de su gloriosa herencia entre los santos, y cuán incomparable es la grandeza de su poder..."* (vv. 18-19, NVI).

Lo que quiero es que te des cuenta en especial de esto. Pablo no escribió que Dios quiere que tú experimentes su poder, sino que escribió que Dios quiere que experimentes la "incomparable grandeza de su poder". Pablo quería que supieras que Dios puede traer bendiciones de la nada para cambiar las cosas en tu vida. Él es la única y verdadera Superpotencia. Ningún creyente debe jamás conformarse con ser un individuo normal y corriente. Dios te ha destinado a la grandeza a través de la "incomparable grandeza" de su poder.

LA INCOMPARABLE GRANDEZA

Déjame darte un ejemplo de la "incomparable grandeza" para que puedas tener una idea de lo que implica. Jesús fue crucificado y clavado en una cruz el viernes. El viernes fue un mal día, fue un día vergonzoso. El viernes fue un día de soledad. Físicamente, fue un mal día porque Jesús fue molido a golpes. Emocionalmente, fue un mal día porque las Escrituras dicen que Cristo derramó lágrimas de sangre. Espiritualmente, fue un mal día porque Él quedó separado de Dios el Padre. El viernes parecía que era el último día.

> **DIOS LO CAMBIÓ TODO POR COMPLETO CON JESÚS, Y ÉL PUEDE HACER LO MISMO CONTIGO HOY.**

Sin embargo, con todo lo malo que fue, el viernes no determinó dónde terminaría Jesús. Pablo pasó a describir a qué se parecía la "incomparable grandeza" del poder de Dios, y resumió el poder todopoderoso de Dios en lo que le sucedió a Jesús en la cruz de esta manera:

> Y cuán incomparable es la grandeza de su poder a favor de los que creemos. Ese poder es la fuerza grandiosa y eficaz que Dios ejerció en Cristo cuando lo resucitó de entre los muertos y lo sentó a su derecha en las regiones celestiales, muy por encima de todo gobierno y autoridad, poder y dominio, y de cualquier otro nombre que se invoque, no sólo en este mundo sino también en el venidero (Ef. 1:19-21, NVI).

En esencia, lo que comenzó tan mal el viernes, terminó siendo divinamente imponente el domingo.

Fue así porque Dios revirtió los efectos de ese viernes al resucitar a Cristo de entre los muertos y sentarlo a su diestra en el cielo.

Yo sé que algunos de ustedes que leen estas páginas se pueden sentir golpeados o quebrantados. Quizá algunos hayan experimentado una paliza emocional, una paliza física, una paliza relacional o, incluso, una paliza espiritual. Se sienten deshechos o —como dicen en mi tierra— hechos trizas. Las circunstancias de tu vida no han estado a tu favor.

Sin embargo, lo que yo quiero que sepas es lo que Pablo quería que supieras. Es decir, que la incomparable grandeza del poder de Dios que actuó para levantar a Cristo de entre los muertos, convirtiendo la muerte en vida, es exactamente la misma extraordinaria grandeza de poder disponible para ti hoy. Dios lo cambió todo con Jesús, y Él puede hacer lo mismo contigo hoy.

¿Estás experimentando una situación mortal en tu vida? ¿O lo que se siente como una crucifixión? ¿Has tenido una muerte en tus sueños, relaciones, hogar, carrera, finanzas, salud o en cualquier otra manera? El mensaje de la cruz es que Dios tiene el poder suficiente para hacer que lo que parece el peor escenario termine siendo una victoria, si tú confías en Él.

Con la cruz, tenemos la doctrina de la muerte; pero también tenemos la doctrina de la resurrección. Sin embargo, con lo que a menudo no contamos ni nos beneficiamos totalmente es la doctrina de la ascensión. Jesús no solo resucitó de entre los muertos,

sino que también ascendió y fue llevado al cielo y
se sentó a la diestra del Padre.

Aunque puede que esto no suene como mucho,
sí que lo es. En los días del Antiguo Testamento,
cuando el sacerdote entraba a la presencia de Dios,
encontraba muchos muebles en el interior del templo, pero lo que no había allí era una silla. La razón
es esta: el sacerdote no podía sentarse porque su
trabajo nunca quedaba terminado. Como resultado,
no se había previsto que él se sentara. Sin embargo,
cuando Jesús entró en el cielo, le dieron la bienve-
nida con un asiento para instalarse. La obra de Cristo
en la Tierra había terminado. Él declaró en la cruz:
"Tetelestai", que significa: "Consumado es".

Pero ¿qué tiene que ver contigo que Jesús muriera
en la cruz, fuera resucitado y luego ascendiera al cielo?
Todo. Nota que la Biblia está dividida en dos seccio-
nes: el Antiguo Testamento y el Nuevo Testamento.
En el antiguo pacto que encontramos en el Antiguo
Testamento, todo el mundo estaba mirando al futuro,
a la disposición final de Dios. Todos los sacrificios, ce-
remonias, rituales y acciones fueron realizados en an-
ticipación de la entrada tangible de Dios en la historia.

Sin embargo, para aquellos de nosotros que vivimos hoy en el nuevo pacto que encontramos en el
Nuevo Testamento, estamos mirando en retrospec-
tiva. Como creyente, tú puedes mirar hacia atrás a
la cruz como la base de todo lo que Dios ha hecho,
está haciendo y hará por ti y por mí. Todo está ligado a tu relación con la cruz. Cuando tú pierdes de
vista lo que ocurrió allí, no puedes experimentarlo

completamente aquí. Esto es porque si pierdes de vista lo que Jesús logró en la cruz, pierdes de vista la herencia que tienes en estos momentos.

Lo que Jesús logró en la cruz le llevó a obtener la autoridad, los beneficios y el poder que Él ahora nos imparte libremente a nosotros. Como vimos anteriormente, su ascensión le colocó "muy por encima de todo gobierno y autoridad, poder y dominio, y de cualquier otro nombre que se invoque, no sólo en este mundo sino también en el venidero (Ef. 1:21, NVI).

No solo la ascensión de Jesús al cielo le colocó por encima de toda autoridad, poder y señorío, sino que también desarmó a los enemigos de Dios y el poder del pecado sobre ti. Leemos en Colosenses: "Anulando el acta de los decretos que había contra nosotros, que nos era contraria, quitándola de en medio y clavándola en la cruz, y despojando a los principados y a las potestades, los exhibió públicamente, triunfando sobre ellos en la cruz" (2:14-15).

Amigo, sea lo que sea o quienquiera que sea que te estés enfrentando hoy, tienes que saber que eso no tiene la última palabra. No importa lo grande, poderoso o agresivo que parece ser, recuerda que Jesucristo está sentado muy por encima de todo. Él tiene una posición más alta que todo principado, autoridad, dominio y poder.

Por ejemplo, el presidente de los Estados Unidos se sienta en el Despacho Oval de la Casa Blanca. Sin embargo, lo que él decreta desde su posición de autoridad puede afectarte a ti donde quiera que estés. Sus decisiones impactan a la gente al otro lado del mundo. La razón es que el presidente ocupa una posición de gran alcance por encima de todos los demás poderes en Estados Unidos. Si un hombre en una ciudad puede afectar políticamente a toda una nación, o incluso al mundo, ¿qué crees que el Rey de reyes y Señor de señores puede hacer si está sentado sobre todo principado y autoridad terrenal?

En consecuencia, lo que diga tu enemigo, oposición, circunstancia o desafío es simplemente "una" palabra, y no la última palabra. Tu jefe puede tener *una* palabra, pero él no tiene la última palabra. Tu médico puede tener *una* palabra, pero no tiene la última palabra. Tus finanzas pueden tener *una* palabra, pero no tienen la última palabra. Tus emociones pueden tener *una* palabra, pero no tienen la última palabra.

Lo que la cruz logró para ti y para mí es autoridad. Ten en cuenta que la autoridad tiene que ver con poder, pero la autoridad no significa simplemente poder. La autoridad es el derecho a utilizar el poder que tú posees.

Por ejemplo, los árbitros no son los hombres más fuertes en el campo de fútbol. De hecho, a menudo son más viejos, lentos y gruesos que los jugadores. Sin embargo, cuando un árbitro hace sonar su silbato y señala una falta a un jugador que es mucho más grande que él, el jugador cede y se somete. El jugador más rápido tiene que reducir la velocidad y, el más fuerte, obedece. Esto es porque el árbitro tiene un poder superior llamado "autoridad". La autoridad se impone por sí misma.

Amigo, tú puedes estar conduciendo un vehículo

más grande y potente que el de la policía detrás de ti, pero, cuando ves las luces del auto de la policía, tú te apartas a un lado y te detienes inmediatamente. Esto se debe a que el poder de tu vehículo es irrelevante frente a la autoridad.

Permíteme que te diga algo: el diablo es más grande que tú. El diablo es más poderoso, más astuto y más fuerte que tú. Tú no puedes hacer caso omiso del diablo con tu poder humano. Y te advierto que no lo intentes. Sin embargo, cuando tú te identificas con Cristo —su cruz, resurrección y ascensión—, ahora estás identificado con la autoridad que anula el poder de Satanás.

Lo que Satanás trata de hacer, sin embargo, es llevarte a pensar que la cruz es algo que pertenece a los anales de la historia en vez de a los acontecimientos de hoy. A Satanás no le importa si tú rindes homenaje a la cruz; lo que él no quiere es que accedas a los beneficios y la herencia que te pertenece por medio de ella. De esa manera, él puede seguir intimidándote con su poder sin que tú te des cuenta de que la autoridad de Cristo le supera por completo.

> **Cuando Satanás se acerque a ti, recuerda que él viene con un arma descargada.**

Lo que Satanás hace es semejante a un hombre que te apunta con una pistola. Al principio, tú puedes sentir miedo y que estás a la merced del hombre. Sin embargo, si alguien te dijera que el arma del hombre no tiene balas en su interior, él ya no te controlaría para nada. Esa es la diferencia entre el poder y la autoridad. En la cruz, Jesucristo "desarmó" a Satanás (Col. 2:15, NVI). En otras palabras, nuestro Señor quitó las balas del arma de Satanás.

A Satanás todavía le gusta aparentar que es un tipo duro y trata de intimidar a todo el mundo con su poder, pero, en última instancia, nuestro Señor le ha despojado de su autoridad. Por tanto, su poder es solo tan fuerte como su habilidad para persuadirte a ti a creerle. En sí mismo, no es lo suficientemente fuerte como para superar la autoridad de Cristo.

Cuando Satanás se acerque a ti, recuerda que él viene con un arma descargada. Por supuesto, él no va a decírtelo. El diablo quiere que tú pienses que estás perdido, que nunca vas a superar la devastación financiera, y que siempre te verás derrotado. Quiere que tú pienses que puesto que la depresión está en tu historia familiar, siempre serás víctima de ella. Quiere que pienses que nunca podrás dominar tus hábitos negativos, tales como el gasto excesivo, comer en exceso, u otras formas de adicción.

Pero esta es la buena noticia: Jesús quiere que tú sepas que no hay balas en la pistola. Satanás fue desarmado en el Calvario. Satanás ya no tiene la última palabra porque ahora Jesucristo se encuentra sentado muy por encima de todo gobierno y autoridad.

¿Estoy diciendo que no vas a tener ningún problema? No. Lo que estoy diciendo es que si fijas tus ojos en Jesús, a pesar de que tengas problemas, Él te enseñará cómo caminar sobre el agua en vez de ahogarte en la derrota. Por su poder y autoridad, Jesús te situará a ti por encima de tus circunstancias en lugar de por debajo de ellas.

COMUNIÓN

Una de las maneras más prácticas que Dios ha dispuesto para que el creyente acceda a la autoridad y el poder de la cruz en forma permanente es por medio de tomar la comunión. El acto de la comunión ofrece algo más que una realidad física. Nos lleva a una realidad espiritual más potente que ninguna otra. La comunión es el mejor ejemplo de la conexión de lo físico con lo espiritual, al tiempo que te permite la plena participación en los logros de la cruz.

La comunión es algo más que un momento de estar sentado tranquilamente, gozando de pensamientos positivos acerca de Jesús, y de comer un poco de pan y de beber un poco de vino. La comunión es participar en la evocación de una gran bendición. Como Pablo escribe: "La copa de bendición que bendecimos, ¿no es la comunión de la sangre de Cristo?" (1 Co. 10:16).

La comunión no es solo elevarnos al cielo para apropiarnos de las bendiciones asociadas con la muerte y resurrección del pacto de Cristo, es también una oportunidad para asomarnos al infierno y hacerle saber al enemigo que ya no tiene autoridad sobre nosotros.

EN VIRTUD DE LA COPA Y EL PAN, EL INFIERNO YA HA PERDIDO.

En el libro de 1 Corintios leemos: "Así, pues, todas las veces que comiereis este pan, y bebiereis esta copa, *la muerte del Señor anunciáis hasta que él venga*" (11:26). La pregunta que surge de este versículo es: ¿A quién anunciamos la muerte del Señor? ¿Y por qué razón?

Anunciar algo es similar a predicarlo. Pablo explica que cuando tú tomas la comunión, estás predicando. Tú estás predicando un sermón. Y la audiencia a la que estás predicando el sermón se encuentra en el libro de Colosenses, donde leemos:

> Antes de recibir esa circuncisión, ustedes estaban muertos en sus pecados. Sin embargo, Dios nos dio vida en unión con Cristo, al perdonarnos todos los pecados y anular la deuda que teníamos pendiente por los requisitos de la ley. Él anuló esa deuda que nos era adversa, clavándola en la cruz. Desarmó a los poderes y a las potestades, y por medio de Cristo los humilló en público al exhibirlos en su desfile triunfal (Col. 2:13-15, NVI).

Este pasaje nos dice lo que Jesús logró en la cruz: el diablo fue derrotado y desarmado. Como vimos antes, él todavía tiene más poder que tú y yo, pero esta es la clave para entender la victoria espiritual en cualquier esfera. Ya sea en tus relaciones, tu carrera, tus emociones, o en cualquier otra área, tú tienes que reconocer que el poder no significa nada sin la autoridad para usarlo. En la cruz, el diablo perdió su autoridad. Jesús "desarmó a los poderes y a las potestades".

La comunión es tu oportunidad para predicar tu sermón a las potestades malignas y recordarles que ellos han sido derrotados y que tú lo sabes. Es tu turno para notificárselo al infierno. En virtud de la copa y el pan, el infierno ya ha perdido.

Como creyente, la comunión es uno de los actos más importantes de fe que tú puedes llevar a cabo. Cuando tomas el pan y la copa, tú puedes decir a Satanás que se vaya al infierno porque, en virtud del pan y de la copa —el cuerpo y la sangre de Jesucristo—, tú tienes la capacidad de apoyarte en la autoridad de Cristo sobre Satanás.

¿Por qué necesitas pasarle notificación al infierno sobre tu vida, relaciones, y todo lo demás que tiene que ver contigo? Se debe a que gran parte del caos que atravesamos en la vida proviene de esa esfera. Es esta esfera espiritual del mal la que invade nuestro mundo físico y trata de que no experimentemos las bendiciones de los decretos del nuevo pacto. Por tanto, tú necesitas enviar un mensaje al enemigo. Predica, pues, tu sermón fielmente y a menudo.

Una de las peores cosas que tú puedes hacer es transformar en ritual aquello que se supone es sagrado. Nunca permitas que la comunión, algo tan completamente profundo, se convierta en algo tan completamente ordinario. Predica, y predica la verdad. Notifica que el Dios del pacto está encargado de tu bienestar y de tu victoria. Confiesa a menudo que nada puede llegar a ti sin pasar primero por sus manos.

Piensa en esta verdad. En el principio, comer del fruto hizo que Adán y Eva perdieran la victoria y la autoridad. En consecuencia, fue su acto de comer el que nos trajo la derrota porque comieron mal. Hoy, por medio de la comunión con la sangre y el cuerpo de Cristo, al comer en memoria de Él y de lo que Él logró en la cruz, proclamamos la recuperación de la victoria y la autoridad que se perdió en el principio.

Además de la comunión, quiero que hagas algo más. Quiero que alabes a Dios. No por el mal día, circunstancia o problema que puedas tener, sino porque esa no es la última palabra. Alábale porque Él está sentado por encima de todo principado y potestad. Y en virtud de tu relación con Él, tú estás sentado con Él. Como resultado, tú tienes acceso a su gobierno y autoridad en tu vida. (Ef. 2:6) Es por eso que leemos en el libro de Apocalipsis que los creyentes fueron capaces de vencer a Satanás. En el capítulo doce, está escrito:

Ahora ha venido la salvación, el poder, y el reino de nuestro Dios, y la autoridad de su Cristo; porque ha sido lanzado fuera el acusador de nuestros hermanos, el que los acusaba delante de nuestro Dios día y noche. Y ellos le han vencido *por medio de la sangre del Cordero* (Ap. 12:10-11).

Cuando el pasaje afirma que ellos le han vencido "por medio de la sangre del Cordero", se está refiriendo a la cruz. Los creyentes vencieron a Satanás porque nunca perdieron de vista que aquello que se dedicó a traer el infierno a sus vidas no tenía la última palabra. Nunca perdieron de vista que la cruz de Jesús venció a Satanás, permitiéndoles el acceso a una autoridad muy superior a la de Satanás.

Lo que Dios quiere que sepas a través de estos pasajes de Efesios, Colosenses y Apocalipsis es que la cruz de Jesucristo te ha dado la victoria sobre tus enemigos. Debido a que Jesucristo está sentado sobre todo gobierno y autoridad, tú también estás sentado allí con Él. De hecho, Pablo dice exactamente eso, mientras continúa su carta a la iglesia de Éfeso.

Él escribe en el capítulo 2: "...aun estando nosotros muertos en pecados, [Dios el Padre] nos dio vida juntamente con Cristo (por gracia sois salvos), y juntamente con él nos resucitó, y asimismo nos hizo sentar en los lugares celestiales con Cristo Jesús, para mostrar en los siglos venideros las abundantes riquezas de su gracia en su bondad para con nosotros en Cristo Jesús" (Ef. 2:5-7).

Amigo, Jesucristo no solo tiene una silla en el cielo para sentarse, tú también la tienes. Tú estás sentado junto a Él por encima de todo principado y potestad. Tú has sido reubicado espiritualmente. Puede que estés diciendo: "Tony, si estoy sentado allí con Jesús, ¿por qué no estoy experimentando la victoria?".

La respuesta es simple. Es la misma razón por la que yo no disfruté de los beneficios y privilegios que American Airlines me otorgaba como un viajero frecuente de categoría platino, hasta que me enteré de cuáles eran esos beneficios y accedí a ellos. Si no sabes dónde estás sentado y lo que eso significa exactamente, no accedes a la autoridad que es tuya con solo pedirlo.

Físicamente, tú estás en la Tierra. No obstante, espiritualmente te encuentras en los lugares celestiales. Sin embargo, a menos que te des cuenta de ello y funciones sobre la base de una mentalidad renovada, quedarás limitado a lo que la Tierra tiene para ofrecerte. Tú debes centrarte en tu vida espiritual con el fin de alcanzar la autoridad espiritual.

En otras palabras, si todo lo que ves es lo que ves, nunca verás todo lo que hay para ver. Si tus ojos están centrados en el "aquí y ahora", no vas a poder experimentar el gobierno de Dios en la historia. El asiento de la Tierra no te da autoridad; solo el cielo tiene acceso a la autoridad suprema por lo que Jesús logró en la cruz.

Cuando aprendes a funcionar en relación con la autoridad divina, eso lo cambia todo. Cambia el factor de intimidación que otros pueden tener sobre ti. Cambian los niveles de temor, preocupación, pavor, y de todo lo demás que te inquiete.

Permíteme compartir contigo mi propia experiencia. Cuando yo sé en lo profundo de mi espíritu que Dios me ha mostrado algo que Él va a hacer o arreglar, el hecho de que otras personas digan que eso no va a suceder, o no puede suceder, no me molesta. Lo que otras personas tengan que decir resulta irrelevante cuando funcionas de acuerdo con la autoridad de la cruz.

Cuando vives en la luz de la autoridad de Cristo, ganada para ti en la cruz, eso va a cambiar tu manera de andar, hablar y pensar. Eso va a cambiar todo tu enfoque y actitud en la vida, porque te das cuenta de la diferencia entre poder y autoridad. Te das cuenta de que lo que parece tener el control de tu vida no tiene el control supremo. Lo que parece tener algo que decir en tus finanzas, emociones, salud, familia, o en otra esfera, no tiene, en realidad, la última palabra.

Amigo, antes de abandonar, levanta la vista. Fija tus ojos en Jesús y ve que estás sentado con Él en los lugares celestiales. Alégrate porque se te ha concedido tener acceso completo a su gobierno y autoridad, de acuerdo con el poder de Dios que obra en ti.

3

La estabilidad
de la cruz

Mi hijo Anthony tuvo recientemente la oportunidad de actuar como invitado en el programa *The Voice* [La Voz] de la cadena de televisión NBC. A través de esa experiencia, él pudo dar testimonio públicamente de Jesucristo, así como a los que le rodeaban. Para la ronda de audición, los concursantes no elegían su propia canción para cantar. La canción que eligieron para Anthony fue "What's Going On" [¿Qué está pasando?], de Marvin Gaye.

Hace muchos años, Marvin Gaye escribió la letra de esa canción, que resume algunas de las realidades negativas del mundo. Al hacer la pregunta: "¿Qué está pasando?", él llamó la atención al hecho de que algo andaba mal y producía caos en muchas dimensiones dentro de nuestro mundo y sociedad.

Los miembros de la iglesia donde yo sirvo a menudo me plantean una pregunta similar. Se acercan a mí, cada uno con su propia carga que soportan, y dicen: "Pastor, ¿qué está sucediendo?". Al examinar el panorama de la sociedad en la que vivimos, no pasa un día sin que haya evidencias de más calamidad, más caos, más confusión, e incluso más incertidumbre.

Esta incertidumbre no solo se produce en la sociedad en general. Hay un sinnúmero de personas que, al examinar su propia vida personal y sus luchas, se preguntan: "¿Qué me está pasando? ¿Qué está sucediendo en mi vida?".

En el capítulo 12 del libro de Hebreos, el autor se dirigió a cristianos judíos que estaban haciendo la misma pregunta. Ellos estaban a punto de entrar en el momento más culminante que su generación jamás había experimentado, ya que Jerusalén estaba a punto de ser asediada por la persecución. El templo pronto quedaría destruido y las oscuras nubes de la desesperación ya se estaban acumulando en el horizonte. Más adelante leemos que incluso algunos fueron encarcelados y las propiedades de otros fueron confiscadas.

Como te puedes imaginar, en medio del dolor, la confusión, la perturbación y la incertidumbre, la pregunta surgió: ¿Cómo responde una persona al caos que sucede a su alrededor? Ese es el escenario del libro de Hebreos.

Antes del capítulo doce, sin embargo, el autor de Hebreos se dedicó por completo a hablar de la excelencia de Jesucristo. Exaltó claramente a Jesús por encima de los sistemas religiosos de la época, especialmente el judaísmo. De hecho, en ese tiempo muchas personas estaban considerando volver al judaísmo porque la cosmovisión y filosofía cristianas no parecían estar funcionando para ellos.

Estos son los lectores a los que el autor estaba escribiendo: cristianos que estaban cuestionando su fe y sus creencias, querían saber dónde estaba el poder, la estabilidad y la autoridad que ellos querían experimentar. Para ser sinceros, la cultura de esta audiencia histórica difiere poco de los que viven en nuestro mundo hoy.

Los fundamentos de una sociedad en la que hemos llegado a confiar están siendo sacudidos hasta sus cimientos. El terrorismo levantó su fea cabeza hace más de una década, cambiando nuestra forma de vivir y de ver el mundo y a nosotros mismos. Durante la caída de los mercados financieros, la mayoría de nosotros fuimos robados en algún grado y, a muchos de nosotros, hasta un punto devastador. Las personas que perdieron sus ahorros para la jubilación y la seguridad de su futuro en este momento solo esperan poder recuperarse. La oportunidad de encontrar un trabajo decentemente pagado ha disminuido en gran medida. El sueño americano, como una vez lo conocimos, ha eludido a muchos más desde que comenzó esta espiral descendente.

No solo eso, sino que muchas familias andan confundidas. Los matrimonios del mismo sexo han sido legalizados e, incluso, aprobados por las altas autoridades en nuestra Tierra. El divorcio sigue haciendo añicos la vida de las personas hoy y dañando el futuro de todos los que son afectados por el mismo. Además, el trauma psicológico está en su punto más álgido. Junto con todo tipo de adicciones, los medicamentos antidepresivos y las píldoras

contra la ansiedad han aumentado vertiginosamente
en su uso. Cada vez hay más personas que tienen
dificultades para hacer frente a las realidades de la
vida tal como ellos la conocen. Han pasado tantas
cosas en los últimos años que han llevado a nuestra
nación al borde del precipicio de la incertidumbre.

En resumen, hemos sido sacudidos. Las cosas
que solíamos ver como sólidas y concretas ahora
las vemos solo de yeso. Las cosas que solían ofrecer
longevidad ahora solo ofrecen una seguridad temporal. Cosas en las que acostumbrábamos a confiar
ahora apenas podemos contar con ellas en ninguna
forma o sentido.

En medio de un entorno lleno de terribles circunstancias, el autor de Hebreos nos ha dado una
palabra acerca de la vida después de la cruz. Él hace
un claro contraste entre el monte Sinaí y el monte
Sion. En el monte Sinaí, Dios le habló a Israel en
el Antiguo Testamento. Luego, en el monte Sion
nos presenta el nuevo pacto que nos ha sido dado
mediante la sangre de Jesucristo derramada en la
cruz. Hoy nos encontramos bajo los principios y
verdades del monte Sion. Es precisamente, a causa
de la cruz de Jesucristo, que ya no vivimos bajo el
terror del monte Sinaí.

El escritor de Hebreos nos describe cómo era la
vida bajo el monte Sinaí cuando él escribió:

Porque no os habéis acercado al monte que se
podía palpar, y que ardía en fuego, a la oscuridad,
a las tinieblas y a la tempestad, al sonido de la

trompeta, y a la voz que hablaba, la cual los que la oyeron rogaron que no se les hablase más, porque no podían soportar lo que se ordenaba: Si aun una bestia tocare el monte, será apedreada, o pasada con dardo; y tan terrible era lo que se veía, que Moisés dijo: Estoy espantado y temblando (He. 12:18-21).

Para acceder al poder y la estabilidad de la cruz y maximizarlos completamente, tenemos que recordar cómo era la vida antes de la cruz. Cuando Dios bajó y habló antes de dar los Diez Mandamientos, fue un tremendo espectáculo para la vista cuando el monte comenzó a humear y temblar. Estos aspectos ambientales sucedieron con el fin de que el pueblo se diera cuenta de cuán serio era aquel momento. La presencia de Dios en el monte hizo que temblara todo el monte hasta el punto de que las personas huyeron; no querían escuchar. Incluso el propio Moisés temblaba.

Amigo, la santidad y la perfección de Dios son tan grandes que incluso estar cerca de Él conmociona las cosas. No obstante, mediante la cruz, Jesucristo nos ha dado acceso al Dios del universo. En la cruz, Jesucristo se ofreció a sí mismo como el mediador entre Dios y el hombre. Fue allí donde Él inició el nuevo pacto.

Porque tú eres creyente, debes entender esto: el monte Sinaí no es tu monte, sino que es el monte Sion. Al continuar el escritor, aprendemos acerca de este acceso y mediación que está disponible para nosotros. Leemos:

Sino que os habéis acercado al monte de Sion,
a la ciudad del Dios vivo, Jerusalén la celestial,
a la compañía de muchos millares de ángeles, a
la congregación de los primogénitos que están
inscritos en los cielos, a Dios el Juez de todos,
a los espíritus de los justos hechos perfectos, a
Jesús el Mediador del nuevo pacto, y a la sangre
rociada que habla mejor que la de Abel (He.
12:22-24).

En este pasaje, te encuentras que has sido tras-
ladado a una nueva ciudad. Estás trabajando en un
nuevo ambiente mientras vives en un nuevo reino.
Tú no estás viviendo en el monte Sinaí donde hay
terror, temblor e inseguridad. Debido a lo que Jesús
logró en la cruz, esa no es tu casa como creyente
en Jesucristo.

¿Por qué es así? La sangre de Jesucristo ha establecido un nuevo pacto. Por tanto, tú estás funcionando bajo el paraguas de un nuevo reino. Tú
tienes acceso a toda una nueva forma de vida porque
Jesús ha servido como mediador entre tú y Dios.
Por medio de la sangre expiatoria de Cristo, Dios
ha establecido un nuevo acuerdo mediante el cual
Él se ha comprometido contigo en un nuevo pacto.

Ten en cuenta que este nuevo pacto se basa en la
sangre "que habla mejor que la de Abel". La sangre
de Abel fue derramada por Caín, y las Escrituras
nos dicen que clamó desde la tierra. Leemos que
Dios se dirigió a Caín y dijo: "La voz de la sangre
de tu hermano clama a mí desde la tierra" (Gn. 4:10).

La sangre de Abel clamó desde la tierra, exigiendo justicia. Cuando Dios escuchó el clamor por la justicia, Él respondió a Caín. Esto es porque la sangre habló de juicio.

Pero el escritor de Hebreos quiere que sepas que ese tipo de sangre no es la sangre de la que él está hablando. Él explica que la sangre, que fue derramada en la cruz, medió un arreglo completamente diferente con Dios. Clamaba por una respuesta completamente diferente de parte de Dios. La sangre de Cristo llamaba a un nuevo pacto, misericordia y compromiso.

Por tanto, cuando las cosas en tu vida parecen estar liadas, agitadas e inciertas, necesitas ver a Dios y su relación contigo a través de la lente de este nuevo arreglo que la cruz representa. De lo contrario, todo lo verás muy mal.

> **Dios tiene algo que no solo quiere decírtelo, sino también desarrollarlo en ti.**

A través de la siguiente sección en Hebreos, obtenemos una idea de cómo veremos a Dios cuando nuestras vidas comiencen a desmoronarse y se vuelvan inestables. Leemos:

Mirad que no desechéis al que habla. Porque si no escaparon aquellos que desecharon al que los amonestaba en la tierra, mucho menos nosotros, si desecháremos al que amonesta desde los cielos. La voz del cual *conmovió* entonces la tierra, pero ahora ha prometido, diciendo: Aún una vez, y *conmoveré* no solamente la tierra, sino también el cielo. Y esta frase: Aún una vez, indica la remoción de las cosas *movibles*, como cosas hechas, para que queden las *inconmovibles* (He. 12:25-27).

Si tú estás luchando hoy, por favor ten en cuenta que en este pasaje el autor utiliza repetidamente la palabra "conmovió" o uno de sus derivados. Si tu mundo ha sido conmovido —tu vida personal, emociones, finanzas, carrera, o cualquier otra cosa ha sido conmovida—, no estás solo. Si te está resultando difícil dormir tranquilamente por la noche, entonces sabes que tu vida ha sido conmovida. Si te está resultando cada vez más difícil concentrarte como antes solías hacer, ya sabes que tu mundo ha sido conmovido. Si se ha convertido en un reto para ti encontrar felicidad en las cosas que solían hacerte feliz, tu mundo ha sido conmovido. En tiempos como estos tú puedes sentir miedo, enojo, inestabilidad e inseguridad.

No obstante, cuando algo de eso sucede, como creyente en Jesucristo quiero que recuerdes que tú eres parte del nuevo pacto. Tú perteneces a un grupo de personas unidas de manera única a la cruz de Cristo y a todo lo que eso implica. Como resultado, Dios tiene un objetivo final diferente para la "conmoción" que experimentas en la vida. A causa de la cruz, ahora estás habilitado para oírle.

La meta de Dios no es simplemente anunciar su presencia y luego llevarte al temor, al asombro y al temblor a tal grado que le ruegues que se vaya porque no puedes soportarlo. No, más bien su objetivo es dar a conocer su presencia con el fin de que te acerques a Él. Dios tiene algo que no solo quiere decírtelo, sino también desarrollarlo en ti. Recuerda que leemos: "Mirad que no desechéis al que habla" (He. 12:25).

Tú debes entender que Dios nos está hablando y Él tiene algo muy importante que decirnos.

Cuando yo era un niño pequeño y una gran tormenta eléctrica empezaba a descargar, mi abuela siempre me hacía apagar la televisión o la radio porque, según sus propias palabras: "Dios está hablando". Así que todos nos sentábamos allí en el silencio del momento, porque "Dios hablaba". En realidad, solo era un trueno, pero la idea contiene verdad cuando las cosas se vuelven inestables en tu vida. Tienes que saber que, a través del estruendo de tus circunstancias, Dios está hablando y Él quiere que escuches.

¿Sabes qué sucede en los días cuando hace mal tiempo o hay previsión de inclemencias del tiempo? En esos momentos sintonizamos con las emisoras o encendemos nuestras computadoras para conocer el informe sobre el tiempo. Por lo general, le prestamos al reportero nuestra total atención. Especialmente si escuchas que hay un huracán o un tornado en la zona, la única voz que se escucha es la de la persona que da el informe del tiempo. Sintonizas porque las cosas están empezando a ponerse inestables. Y, cuando las cosas se ponen así, deben ser tratadas en consecuencia.

Amigo, cuando Dios permite, o incluso hace que suceda, que las cosas se conmuevan al nivel nacional, local o, incluso, personal, tienes que saber esto: "Mirad que no desechéis al que habla" porque Dios está hablando. De hecho, cuando las cosas se ponen más inestables, más fuerte habla Él.

Tengo cuatro hijos y, en el momento de escribir estas líneas, diez nietos. Después de haber experimentado, en diversos grados, los nacimientos de catorce bebés a lo largo de los años, puedo decir sin duda alguna que el acto de dar a luz un bebé es una experiencia intensa, dolorosa y conmovedora. La angustia se manifiesta porque el bebé está hablando. Ahora bien, obviamente, el bebé no está hablando con palabras que se escuchan o entienden, pero sin duda el bebé está enviando un mensaje. El mensaje es muy simple: "¡Quiero salir!". Cuando el bebé en el vientre de la madre empieza a comunicar ese mensaje, todo el mundo escucha.

El nacimiento de un bebé es un poderoso mensaje de separación. Lo que está a punto de ocurrir es la separación de la madre y el bebé. La vida de un ser humano va a ser retirada del seno de la madre y ese proceso de salida duele. El dolor indica que es hora de un cambio. De hecho, a medida que el dolor se intensifica, tanto más cerca está la madre de la separación y del cambio.

Ten esto en cuenta. La separación es una buena

noticia que viene a través de una mala situación. Es una mala situación porque es dolorosa. Cualquier madre te dirá que duele. No podemos negar que duele. Pero la buena noticia es que hay una nueva vida a punto de ser dada a conocer y que es hora de su manifestación.

Vemos, a lo largo de las Escrituras que, cada vez que Dios estaba listo para hacer algo especial, único y maravilloso, es introducido a través de un escenario doloroso. Dios permitió, o bien creó, la angustia y el dolor con el fin de introducir la nueva situación. Con frecuencia, cuando Dios está listo para hacer algo nuevo en nuestra vida, Él sabe que no estamos preparados para ello. Nos encontramos muy metidos en nuestros caminos, atados a nuestro pasado, y apegados a una forma equivocada de pensar para aceptar el cambio.

En consecuencia, hay multitud de cosas que Dios tiene que hacer para provocar un cambio dentro de nosotros antes de que lo nuevo pueda suceder. En otras palabras, debido a que no estamos listos, Él nos prepara. Una separación de lo que dependíamos anteriormente debe ocurrir para que no solo le miremos a Él, sino también seamos capaces de verle.

Por ejemplo, cuando los israelitas cruzaron el Mar Rojo, ellos solo lo cruzaron porque Dios los bloqueó allí y no había manera de salir. Tenían al faraón en un lado y el Mar Rojo en el otro y, por tanto, se encontraron en una situación incierta. Lo único que ellos podían ver, miraran donde miraran, era la muerte.

Los israelitas nunca habrían visto a Dios hacer lo milagroso si no hubieran estado en una situación tal que necesitaran lo milagroso. Dios tuvo que forzar la situación con los israelitas, creando y permitiendo tales turbulencias en sus vidas con el fin de poder dar a luz lo siguiente que Él quería revelarlos acerca de sí mismo.

Al agitar las cosas, o al permitir que sucedan situaciones dolorosas en nuestra vida, Dios está esencialmente minando un reino con el fin de exponernos a otro. Está erosionando la tierra con el fin de manifestar el cielo. Él tiene que reducir nuestro viejo orden mundial porque estamos demasiado apegados —demasiado dependientes— del mismo. Como resultado, Él debe apartarnos de las cosas, las creencias e incluso las personas de las que dependemos demasiado, a fin de poder llevarnos al lugar donde Él quiere que estemos.

Dios hace esto provocando discontinuidad, desconexión y desestabilización en nuestra vida. Esto, a su vez, está diseñado para sacarnos de nuestra lealtad a la tierra, y de los caminos de la tierra, a fin de que podamos ser testigos del movimiento del cielo y de lo que el nuevo pacto nos ha traído por medio de la cruz.

Cuando Dios permite o crea discontinuidad en tu vida, Él está hablando. Él está diciendo algo en particular con respecto a tu relación con su nuevo pacto contigo. Lo que está diciendo es que Él quiere desconectarte de las cosas, pensamientos, o personas de este orden mundial a fin de poder revelarte cosas eternas. Mientras tú estés demasiado apegado, o demasiado dependiente, de lo que no sea Dios y su relación contigo, no le estarás escuchando. En consecuencia, eso significa que debe seguir subiendo la temperatura en tu vida.

Ahora bien, tú solo sientes el calor debido a tu apego a lo que Él está tratando de revelarte que tiene un valor temporal en vez de un valor eterno. Considera esto. Cuando tú estás en un terremoto, sientes y experimentas el temblor de la tierra. Sin embargo, si te encuentras en un avión volando sobre un terremoto, tú no sientes sus efectos. Eso se debe a que ya no estás apegado a lo que está temblando.

Por medio de la cruz, Dios quiere que fluya hacia ti y a través de ti las bendiciones del nuevo pacto, pero, a fin de hacerlo, Él debe desconectarte de todo lo que es incompatible con ese pacto y la relación que Él desea tener contigo.

En esencia, Él quiere eliminar las cosas en tu vida que no ayudan a su relación contigo y su propósito para ti. Él quita todo aquello que se puede quitar, aquello que en sí mismo no es donde tu fundamento debiera estar. De esa manera, tu fundamento —la relación con Él por medio de la cruz de Cristo— se mantendrá.

Escuchemos de nuevo el mensaje de las Escrituras: "La frase 'una vez más' indica la transformación de las cosas movibles, es decir, las creadas, para que permanezca lo inconmovible" (He. 12:27, NVI). La frase "una vez más" es una referencia del libro de Hageo, donde el profeta habló de la declaración de

Dios de que haría temblar a las naciones con el fin de restaurar su gloria en su templo. Leemos:

> No teman, porque así dice el Señor Todopoderoso: "Dentro de muy poco haré que se estremezcan los cielos y la tierra, el mar y la tierra firme; ¡haré temblar a todas las naciones! Sus riquezas llegarán aquí, y así llenaré de esplendor esta casa", dice el Señor Todopoderoso (Hag. 2:6-7, nvi).

El escritor de Hebreos cita al profeta Hageo donde Dios dice que Él va a hacer temblar a las naciones con el fin de transferir cosas. Una manera fácil de obtener una imagen de esto es comparándolo con la alcancía de un niño. Es necesario agitar la alcancía [sacudirla] repetidas veces con el fin de conseguir sacar los objetos de valor de su interior. Dios dice que va a hacer "temblar [agitar, sacudir]" las cosas con el fin de sacar algo de un reino y entregarlo a otro, al suyo propio.

> ## Si hay algo en tu vida que puede ser conmovido, eso no es de Él.

Lo que la sangre de Cristo hizo en la cruz fue mediar un nuevo acuerdo —un nuevo reino— que Dios tiene con cada creyente, así como con su Iglesia. A ese nuevo acuerdo se le conoce como el nuevo pacto. Sin embargo, para que este nuevo pacto se manifieste en tu vida, Dios necesita primero desconectarte de los bloqueos ilegítimos en las arterias de tu espíritu. Tiene que eliminar tu apego y dependencia de lo que no es Él. Dios tiene que eliminar ese apego ya que se interpone en el camino de tu relación con Él.

Algunos de los mejores recuerdos de mi vida proceden de una crisis donde el cielo tuvo que intervenir porque la tierra no podía arreglarlo. Es decir, un problema que estaba experimentando. Por "tierra" me refiero a los programas, los pensamientos y los procesos de la tierra. En esos momentos, me di cuenta de primera mano que cualquier cosa de la que yo había dependido previamente, incluso si era yo mismo, podría ser conmovido. Sin embargo, hubo algo que se mantuvo constante todo el tiempo y fue capaz de llegar y con el tiempo resolver la situación. Incluso si el problema no se resolvía de inmediato, siempre había un factor de estabilización para mí dentro de la situación: Dios.

Por esta razón leemos en el libro de Hebreos que Dios conmueve las cosas con el fin de eliminar lo que puede ser conmovido. Si hay algo en tu vida que puede ser conmovido, eso no es de Él. Dios merece toda la alabanza porque lo que Él ofrece, a través de la cruz, es inconmovible. Es fiable, fuerte y estable. Leemos:

Así que, recibiendo nosotros *un reino inconmovible*, tengamos gratitud, y mediante ella sirvamos

a Dios agradándole con temor y reverencia;
porque nuestro Dios es fuego consumidor (He.
12:28-29).

Lo que la cruz de Jesucristo ha hecho es darnos
a cada uno de nosotros la transferencia de lo que
puede ser conmovido a un reino inconmovible. Tú
has recibido la entrada a un reino que no puede ser
conmovido. No está sujeto a ningún acontecimiento
que suceda a tu alrededor. Amigo, si tú estás buscando solamente en las páginas del mercado de valores, el sistema bancario, tu trabajo, tus compañeros
de trabajo, los miembros de la familia, la salud, las
relaciones, o cualquier otra cosa que tú puedas ver,
estás buscando en las cosas que pueden ser afectadas
por lo que sucede a su alrededor. Si eso es todo lo
que puedes ver, vas a ser conmovido.

En cambio, si tú fijas tus ojos en la estabilidad de
la cruz de Jesucristo, no puedes ser desestabilizado.
Esto se debe a que estás operando con el gobierno
de un Rey diferente y bajo una autoridad diferente a
la del mundo. A veces, cuando sientas que tu mundo
se está deshaciendo, asegúrate de que no te niegas
a escuchar a Dios. Él te está hablando. Él está tratando de liberarte de lo que Él sabe que no puede
ofrecerte, a largo plazo, paz, fuerza, sabiduría, o
estabilidad.

Cuando tu mundo se desmorona a tu alrededor,
si tú mantienes tus ojos fijos en Jesucristo y en la
promesa del nuevo pacto que Él te ha dado a través
de la cruz, tú no te derrumbarás junto con él.

Uno de mis relatos favoritos de la Biblia tiene lugar en los muros de Jericó. La historia aborda un principio que a menudo no tenemos en cuenta. Así que, muchas veces, los predicadores o maestros hablan elocuentemente sobre Josué y su ejército marchando alrededor de Jericó hasta que los muros cayeron. Sin embargo, un detalle que a menudo se deja fuera es lo que le pasó a una porción del muro. A pesar de las imágenes que puedes haber visto dibujadas en los libros de historias bíblicas para niños o alguna otra obra de arte bíblica sobre el tema, no cayó todo el muro de Jericó.

Mientras todo temblaba y se derrumbaba en Jericó y a su alrededor en ese día, la casa donde vivía una mujer llamada Rahab permaneció intacta. La casa de Rahab estaba ubicada en la parte exterior del muro de Jericó (Jos. 2:15). Cuando ella recibió a los espías en su casa y los escondió de su propio gobierno con el fin de protegerlos, ella se alió con los israelitas y con su relación de pacto con Dios.

Como resultado, cuando Jericó, el reino del cual ella era física y geográficamente parte, cayó, su casa y su familia dentro de esta permanecieron a salvo. Esto se debió a que Rahab decidió alinearse con otro Rey, el único de un reino inconmovible. Ella se había puesto a sí misma bajo la cobertura y el pacto de Dios.

Es muy importante destacar que los muros de Jericó cayeron, a excepción de una pequeña parte donde una prostituta llamada Rahab ató un cordón de grana fuera de su ventana. Al hacerlo, ella demostró su sumisión y se alineó con el único Dios verdadero.

En la cruz, la vida de Jesús se convirtió en nuestro cordón de grana, ya que posicionó a cada uno de nosotros, que hemos puesto nuestra fe en Él, bajo la protección del nuevo pacto. Aunque las cosas que te rodean pueden llegar a ser inestables, cuando tú fijes tus ojos en Jesús, recordarás la promesa de su pacto y que perteneces a un reino inconmovible.

Habrá pruebas en esta vida. Dios a menudo utiliza esas pruebas para revelarte aquello que puede ser conmovido a fin de que también sea eliminado de ti. Él es un Dios celoso. Además, como vimos anteriormente, "nuestro Dios es fuego consumidor". Eso es una referencia, confinado dentro del contexto bíblico, al fuego consumidor que consumía el sacrificio colocado sobre el altar en el templo y que era totalmente quemado.

En los tiempos del Antiguo Testamento, el propósito del sacrificio era dictar sentencia con el fin de liberar a Dios para que siguiera dando las bendiciones. Este acto de juicio servía como purificación entre Dios y el hombre. Lo que Cristo hizo en la cruz fue hecho a nuestro favor en la luz de Dios como un "fuego consumidor". Su muerte nos permite experimentar a Dios de tal manera que nosotros debemos mostrarle nuestro más sincero agradecimiento, porque Él es el fundamento y la estabilidad de nuestra vida.

Por lo tanto, cuando las cosas se calientan en tu vida, recuerda que Dios no está trayendo juicio sobre ti. Él no está tratando de ahuyentarte. Sí puede ser que esté disciplinándote porque Dios disciplina a los que ama. También puede estar tratando de separarte de aquello a lo que no debes estar tan totalmente apegado o dependiente. Pero debes saber que Él no te está juzgando para castigarte. Cristo tomó nuestro castigo en la cruz. Dios tiene una meta en mente para las pruebas y el dolor que entran en nuestras vidas. Esa meta es pasarnos a nosotros a una experiencia diaria de su reino inconmovible.

Piensa en esta analogía. Cuando te levantas por la mañana y tienes que ponerte un traje elegante para ir a trabajar o para ir al templo, a menudo quieres planchar la ropa antes de ponértela. Eso se debe a que no quieres que la ropa arrugada refleje una mala imagen de ti a los que te rodean. Así que decides sacar la plancha, enchufarla, y dejar que se caliente hasta que esté demasiado caliente al tacto. Entonces mueves lentamente la plancha arriba y abajo sobre las arrugas en la ropa.

Tu ropa siente el calor, la presión y el dolor de la plancha. Tú no estás poniendo la plancha caliente sobre tu ropa porque quieras quemarla. No estás tratando de destruirla. Estás solo tratando de mejorarla y hacer que recupere su aspecto original. En este caso, la plancha se convierte en un fuego consumidor. No consume la ropa; consume las arrugas en la ropa. Elimina las arrugas y los pliegues de la tela.

La razón por la que dedicas tanto tiempo a planchar tu traje mediante la aplicación de calor y presión es porque planeas usarlo. Tú sabes que si lo usas con arrugas, se te va a ver muy mal. Puesto que no quieres quedar mal, tú aplicas el calor del fuego que consume las arrugas.

Porque nuestro Dios es fuego consumidor, Él aplica disciplina en aquello que no corresponde en nuestra vida. Él elimina las cosas que pueden ser conmovidas para que podamos experimentar plenamente su estabilidad inconmovible. La razón por la que Él permitirá el calor en tu vida es para separarte de los elementos que hay en ella que no le dan gloria. ¿Por qué? Porque Él ha escogido usarte como un reflejo de sí mismo a los demás. Él quiere que le glorifiques por medio de tu vida. Él anhela bendecirte, pero quiere asegurarse de que tú eres capaz de recibir esa bendición en la fe.

La cruz te ha proporcionado un nuevo acuerdo con Dios, que te pone en un reino que no se conmueve a pesar de toda la conmoción a tu alrededor. Por tanto, en medio de lo que te preocupa, tan malo como pueda parecer —o tan fuerte como los dolores de parto puedan sentirse—, confía en Él. Escúchale. Fija tus ojos en Él. Hónrale. Respóndele. Ten fe en Él. Él no tiene la intención de dañarte. Él solo está tratando de revelarte las cosas en tu vida que no son de valor eterno. Muchas veces esas cosas tampoco tienen gran valor temporal.

La cruz es tu consuelo. Es un recordatorio de que lo que estás experimentando no es el juicio. En realidad, es todo lo contrario. Recuerda siempre: las pruebas en tu vida están allí para revelar el tesoro del nuevo pacto y la estabilidad y permanencia que viene cuando te sometes a Dios y caminas con Él. Están diseñadas para liberarte de lo que puede ser conmovido con el fin de crecer y ampliar tu experiencia con lo que no puede ser conmovido: Dios y su reino inconmovible.

4

LA IDENTIFICACIÓN
CON LA CRUZ

En una ocasión, un hombre fue a ver un psiquiatra porque estaba teniendo algunos problemas. Eran problemas serios por lo que buscaba una solución seria. Nada más entrar en la confortable y bien decorada oficina del psiquiatra, el hombre se acomodó en una silla y empezó a explicar su problema.

—Doctor —dijo.

El médico le miró a los ojos atentamente y asintió con la cabeza, animándole a continuar.

—Doctor, algo anda mal en mí —logró exclamar el hombre.

—¿Cuál es el problema, señor Fernández? —preguntó el doctor, tratando de obtener más información.

—Bueno, cada vez que voy al supermercado, me siento atraído por la estantería de alimentos para perros. Solo quiero estar cerca de la comida para perros. En realidad, me encanta comer comida para perros.

El médico cambió de posición en su asiento y decidió buscar algunos antecedentes sobre el asunto de este hombre.

—¿Cuánto tiempo lleva lidiando con este problema? —preguntó el doctor pacientemente.

—Desde que era un cachorro —respondió el hombre.

Puedes ver que la manera en que te percibes a ti mismo va a determinar qué buscas después. Si tú te percibes como un cachorro, pues, naturalmente, quieres encontrar algo de comida de perro. En otras palabras, tu identidad es fundamental para tu comportamiento, hábitos y forma de funcionar.

Muchos cristianos hoy están confundidos acerca de lo que son. Eso, a su vez, provoca confusión en cómo van a funcionar. Funcionamos en la manera en que lo hacemos debido a la forma en que nos percibimos a nosotros mismos. En consecuencia, si tu autopercepción es incorrecta, tu función también lo será.

Además, muchas veces queremos cambiar lo que hacemos sin tener primero una idea clara de lo que somos. Eso es en realidad funcionar en sentido inverso. Cuando un cristiano dice: "Yo soy un adicto", no debemos sorprendernos de que él o ella actúen como un adicto porque eso es lo que nos dijeron que eran. Tu identificación de ti mismo influye en tu práctica. Si ese mismo cristiano dice: "Yo soy un hijo del Rey que fui comprado con sangre y todo lo puedo en Cristo que me fortalece", nos sorprendería mucho que esa persona cediera a la adicción. Lo que crees influye en lo que haces.

De hecho, un amigo mío trabaja en un centro de rehabilitación de drogas. En ese centro, que es uno de los mejores de la nación, solo utilizan las Escrituras para ayudar a sus pacientes a superar sus adicciones. Esto es porque cuando meditas y memorizas la verdad de lo que eres y el poder de Aquel que te ama, tienes todo lo que necesitas para vivir una vida victoriosa. La mente es algo muy poderoso. Es la raíz de todas las derrotas, así como todos los éxitos.

Por tanto, si vas a vivir para cumplir tu destino y alcanzar la grandeza que Dios tiene reservada para ti, en vez de conformarte con solo ir tirando, primero debes cambiar lo que piensas. En particular, debes cambiar lo que piensas acerca de la cruz de Cristo. La cruz de Jesucristo no se limita a simbolizar un evento que ocurrió hace dos mil años en el Calvario.

La cruz de Jesucristo es tan relevante hoy como lo fue en aquel primer día. No es simplemente un ícono alrededor del cual celebramos la Pascua cada año, sino que es más bien la definición misma de tu éxito como creyente. Es la pieza central de tu referencia personal e identidad.

El resumen de lo que eres como cristiano y la persona que Dios quiere que seas se encuentra en mi versículo favorito, Gálatas 2:20. Es cierto, antes de que mis pies toquen el suelo cada mañana, recito ese versículo como un recordatorio de quién soy y cómo voy a enfocar mi día.

No obstante, antes de examinar este versículo en detalle, quiero establecer bien su contexto. Comenzando en Gálatas 2:11, nos encontramos con el discípulo Pedro comiendo bocadillos de jamón y patas de cerdo con los gentiles. Pedro estaba disfrutando de una buena comida con un grupo de personas con las que no solían asociarse los judíos. A su vez, los judíos tampoco solían juntarse con ellos. Mientras comían, se presentaron unos hermanos judíos. Al no querer ofender a los de su propia raza, Pedro se retiró de su asociación con los gentiles. En esencia, él cedió a la presión de grupo.

> **LA VERDAD ES QUE TODA CUESTIÓN SOCIAL, ECONÓMICA, FAMILIAR, POLÍTICA, PERSONAL Y OTRAS PUEDEN REMONTARSE A UNA RAÍZ ESPIRITUAL Y TEOLÓGICA.**

Al ver su comportamiento, Pablo se enfrentó a Pedro. Leemos que Pedro "era de condenar" (Gá. 2:11). No era que Pedro no fuera cristiano o que no fuera salvo, el problema era que no estaba funcionando a la luz de su identificación con su fe. Más bien, estaba funcionando a la luz de su identificación con su cultura.

Sabemos esto porque Pablo siguió escribiendo: "Pero cuando vi que no andaban rectamente conforme a la verdad del evangelio..." (Gá. 2:14). En otras palabras, cuando Pablo vio que las decisiones sociales de Pedro y de sus amigos (con los que iban a comer) no estaban siendo definidas por su sistema de creencias del evangelio, estaban entonces deformando el mensaje y el testimonio de lo que el evangelio significa en la vida diaria.

Aquí había un asunto espiritual y teológico que dio lugar a un problema social. La verdad es que toda cuestión social, económica, familiar, política, personal y otras pueden remontarse a una raíz espiritual y teológica. Uno de nuestros problemas hoy es nuestra falta de voluntad o, posiblemente, nuestra ignorancia en establecer la vinculación entre lo social y lo espiritual. El resultado es el sincretismo con la cultura en vez de la identificación con la cruz, eliminando así el poder que viene por medio de nuestra alineación con Jesucristo.

Si tú has recibido a Jesucristo como tu Salvador, se ha producido una crucifixión. De hecho, se han producido dos crucifixiones: la de Jesús en la cruz y la tuya. Pablo nos dice en Gálatas 2:20 lo que es en realidad el secreto para vivir una vida de poder y propósito cuando escribe:

> Con Cristo estoy juntamente crucificado, y ya no vivo yo, mas vive Cristo en mí; y lo que ahora vivo en la carne, lo vivo en la fe del Hijo de Dios, el cual me amó y se entregó a sí mismo por mí (Gá. 2:20).

En la cruz, tuvo lugar una muerte doble. En el reino espiritual, lo que sucedió en la historia hace dos mil años pasó en ti en el momento en que confiaste en Jesucristo para tu salvación. Ocurrió una unión que no es solo teológica, sino también práctica. De hecho, esta puede ser la aplicación práctica más importante de las Escrituras que nunca puedas imaginar. La clave para todo lo relacionado con la vida, la victoria y el poder está en esa verdad revelada en Gálatas 2:20.

Cuando aceptaste a Jesucristo como tu Salvador, se produjo una transacción legal. Fuiste justificado por su sangre y hecho uno con Él. Esto es similar a un matrimonio, cuando dos personas se unen y se convierten en "una sola carne", como se demuestra en la intimidad física. Los problemas en el matrimonio se producen generalmente cuando una o ambas partes tratan de vivir de otra manera que no sea como "una sola carne".

Los problemas en tu vida cristiana son el resultado de la misma situación. Sin embargo, ya que Jesucristo es la Deidad perfecta y sin pecado, los problemas se producen únicamente cuando tú tratas de vivir sin Él. Una vez que tú te has comprometido y unido íntimamente con Cristo y has entrado en la familia de Dios, tú eres una nueva creación, hecho uno con Cristo. Por supuesto, tú has arrastrado a esa nueva relación mucho de tu pensamiento, acciones, miedos, ansiedades y deseos que tenías antes de ser redimido.

Al igual que una hija que se casa joven, tú te sientes inclinado a caer de nuevo en la historia de lo que has conocido y experimentado antes de tu unión con Cristo. Una hija que ha pasado veinte o más años bajo la influencia y el cuidado de su padre puede tener dificultades para transferir esa lealtad e identidad a su joven esposo. Eso, como tú puedes saber o has visto, causa gran conflicto en un matrimonio.

Del mismo modo, una mentalidad similar de traer tu forma de pensar, actuar y creer a tu relación con Jesucristo también origina una serie de conflictos. Ser crucificado con Jesucristo establece un punto de referencia nuevo para la forma de verte a ti mismo, a otras personas, a tus circunstancias y a la vida en general. Sin embargo, lo que muchos creyentes van a hacer en su vida cristiana es hacerse uno con Jesucristo en la salvación y luego intentan desconectarle a Él de su pensamiento, acciones, opciones, decisiones, y todo lo demás en su vida.

Por ejemplo, cuando tomo café por la mañana, siempre pongo un poco de crema o de leche en mi café. Después de mezclarlos, mi café y la crema son ahora uno, no hay manera de separarlos. De igual manera, la unión entre Cristo y el creyente sigue ahí. Pero, en vez de abrazar su nueva identidad y relación con Cristo, algunas personas terminan con un gran caos, y un montón de tiempo y esfuerzo perdidos.

Pablo nos da el secreto para el éxito de maximizar nuestra unión con la cruz en su carta de 1 Corintios cuando afirma: "Os aseguro… que cada día muero" (1 Co. 15:31). Ser crucificado significa morir. De acuerdo con Pablo, esa muerte debe ocurrir diariamente. Morir significa sencillamente poner nuestros deseos, pensamientos, motivaciones y anhelos en el altar de Jesucristo y, en su lugar, adoptar sus deseos, pensamientos, motivaciones y propósitos.

Cuando mueres a ti mismo, eso te da la capacidad de vivir de verdad. La vida de Jesús viene solo cuando tú estás dispuesto a entregar tu propia vida y someterte a Él. En otras palabras, tú eliges su voluntad por encima de la tuya propia. Es una decisión consciente que dice que el camino de Dios reemplaza al tuyo, que las decisiones de Dios reemplazan a las tuyas. Mediante esa entrega voluntaria experimentarás la plenitud de la vida abundante que te ha sido prometida por medio de la muerte y resurrección de Jesucristo.

> **MIENTRAS VIVAS PARA TI, NUNCA SERÁ TUYO TODO LO QUE LA CRUZ TIENE PARA OFRECERTE.**

Muchos de nosotros fallamos en llevarlo a cabo y luego nos preguntamos por qué no estamos experimentando todas las promesas de Dios. Morimos a Él en la salvación, pero luego vivimos para nosotros mismos en nuestras decisiones diarias. Nos preguntamos por qué dejamos de tener la victoria que es nuestra y en su lugar vivimos en la derrota perpetua. La verdad es que no puede haber resurrección sin crucifixión. No obtienes el milagro si no te entregas primero a Dios.

Por ejemplo, probablemente tienes varios electrodomésticos y cada uno tiene una utilidad distinta. El refrigerador mantiene las cosas frías. El horno de la cocina calienta los alimentos. La tostadora tuesta el pan. El abrelatas abre los envases, y así sucesivamente. Pero hay una cosa que cada aparato tiene en común: ninguno de ellos funciona por sí mismo. El refrigerador no mantiene la comida fría para que pueda comerla. El horno tampoco calienta la comida para poder comerla. El tostador no tuesta el pan y el abrelatas no abre algo con el fin de consumir ellos mismos la comida.

Cada electrodoméstico que has adquirido existe para servirte a ti. Si no fuera así, me imagino que no los tendrías en tu casa. Se compran y pagan los electrodomésticos para beneficiarse de ellos. El propósito de la compra fue que lo comprado beneficiara al comprador.

Amigo, tú fuiste comprado con el precio de la sangre derramada de Jesucristo. Tú existes para el comprador, no para ti. En el momento en que tú le das la vuelta a eso y empiezas a tomar decisiones a la luz de tus propios pensamientos, has perdido tu identidad. Has perdido la razón de tu presencia aquí. Nunca vas a experimentar todo lo que la vida cristiana está destinada a ser, y nunca vas a utilizar todo el poder que se supone que tienes. Es decir, a menos y hasta que te des cuenta de que no existes para ti.

Mientras vivas para ti, nunca será tuyo todo lo que la cruz tiene para ofrecerte. Permanecerá como un evento histórico que sucedió hace dos mil años antes que una experiencia diaria que te inicia en los mejores momentos y significado de tu vida.

Si tú pudieras preguntarle a Pablo cuáles eran sus planes para el día, él respondería: "No tengo planes porque los muertos no planean". Pero si Pablo estuviera todavía vivo y tú cambiaras la pregunta un poco, podrías cuestionarle: "Pablo, ¿cuáles son los planes de Dios para ti?", y él diría: "Está bien, vamos a hablar".

Pablo podría conversar sobre eso durante todo el día porque él alineó su pensamiento con el de Dios. Hizo, de la voluntad de Dios, su voluntad. Él hizo que el buscar el rostro de Dios y la perspectiva de Dios fuera lo más importante en su vida. Debido a la forma en que funcionaba, Pablo tuvo experiencias en la Tierra que los que le rodeaban no experimentaron. Vio muchos milagros y manifestaciones de poder. En numerosas ocasiones, recibió la capacidad personal de superar adversidades. De hecho, fue incluso llevado al "tercer cielo" y eso marcó el comienzo de una experiencia íntima como ninguna otra.

Pablo lo consiguió. Él entendió lo que significaba identificarse con la cruz de Cristo y, por tanto, recibió todo lo que era suyo en Cristo Jesús.

Una clave para entender cómo identificarse con la cruz viene cuando Pablo describió su propia identidad en Gálatas 2:20: "y lo que ahora vivo en la carne, *lo vivo en la fe del Hijo de Dios*, el cual me amó y se entregó a sí mismo por mí". Algunas versiones han traducido esta frase para leer: "vivo por la fe en el Hijo de Dios".

"Lo vivo en la fe *del* Hijo de Dios" (RVR-60) es la traducción más precisa del texto original y nos da una definición más clara de cómo debemos vivir nuestras vidas victoriosamente. Lo que Pablo quiere decir cuando escribió que vivía por la fe "del" Hijo de Dios es que él vivió sus días de lunes a domingo, no tanto por su propia fe en Jesús, sino por su fe en la fe de Jesús en Jesús.

Yo sé que esto puede sonar un poco complicado, pero la verdad que contiene es profunda. No es solo cuestión de creer en Jesucristo, sino que hemos de creer en la fe de Jesús en sí mismo. Es a causa de tu plena confianza en que Jesús tiene completa confianza en sí mismo que tú descubres la capacidad de beneficiarte de Él.

> **NO TE PREOCUPES POR LA CANTIDAD DE FE QUE TIENES, SINO QUE PREOCÚPATE DE EN QUÉ LA PONES.**

¿Alguna vez has llevado a un hijo a cuestas sobre tu espalda? ¿Sabes en qué cree ese niño? Ese niño no solo cree en ti, sino cree que tú crees en ti mismo. Los niños confían en el hecho de que tú tienes confianza en tu propia capacidad. Por eso te preguntarán: "¿Me tienes?". En otras palabras, ellos están preguntando: "¿Crees que me tienes a mí?". Eso es porque a pesar de que pueden tener dudas, si tú crees, ellos van a tener fe en tu fe.

De manera similar, no es simplemente tu fe en

Jesús lo que te da la capacidad de experimentar la vida abundante. Es tu fe en la fe de Jesús en sí mismo lo que abre la puerta. Tú no tienes que preocuparte por cuánta fe tienes, pues incluso la fe débil puede lograr mucho si se pone en lo que es digno de ella. Jesús dijo que la fe tan pequeña como un grano de mostaza puede mover una montaña.

Por tanto, no es el tamaño de tu fe lo que importa, sino es el objeto de tu fe lo que cuenta. Esa es la clave. Si tú tienes un montón de fe en algo pequeño, no tienes lo suficiente para hacer cualquier cosa. Pero si tienes un poco de fe en algo grande, tendrás más que suficiente para hacer todo.

Incluso si tu fe en Jesús es pequeña, todavía obrará maravillas porque la fe de Jesús en Jesús es enorme. No te preocupes por la cantidad de fe que tienes, sino que preocúpate de en qué la pones. Deja que Jesús te lleve porque Él te tiene a ti.

Piensa en este ejemplo. Un saltador de altura normalmente intenta superar los 2,10 m. Él se pone a la distancia conveniente, adopta la postura, echa a correr, levanta el pie, y luego salta con todas sus fuerzas. Trata de elevarse a lo más alto posible. El saltador de altura cree que puede hacerlo y hace todo lo que puede. Si golpea el listón, él vuelve y lo intenta de nuevo, esforzándose aún más.

Por otro lado, cuando un saltador de pértiga intenta superar el listón, él normalmente trata de elevarse a un nivel mucho más alto, incluso más del doble de lo que el saltador de altura intentará. Esto es debido a que el saltador de pértiga tiene una vara en sus manos y él no confía simplemente en su propia capacidad para lograrlo. Él confía en la pértiga, confía en que esa vara es lo suficientemente fuerte y elástica como para hacer lo que tiene que hacer con el fin de impulsarlo a la victoria. El saltador de pértiga está confiando en aquello a lo que se ha unido en vez de limitarse a sí mismo. Debido a esto, él es capaz de ir más alto y más lejos de lo que jamás podría hacer solo por sí mismo.

Muchos cristianos hoy están tratando de salir adelante por su cuenta. Tal vez tú eres uno de ellos. Tú corres tan rápido como puedes, saltas tan alto como puedes, y trabajas tan duro como puedes. Aun así, tú no llegas tan lejos como podrías si confiaras en tu unión con la cruz de Jesucristo. Si tú te vinculas a ti mismo con el palo de su cruz, Él tiene la capacidad y la voluntad para impulsarte más alto de lo que nunca pensarías que podrías llegar. Pero eso requiere fe. Requiere dependencia. Necesita que te identifiques con Jesús todos los días por encima de la mera identificación contigo mismo, el mundo, tus amigos, o cualquier otra cosa que pones por delante de Él.

Cuando tú pones a Jesús primero y confías en Él, no te arrepientes. Es debido a la identificación íntima y diaria de Pablo con Jesucristo y el significado detrás de su cruz que Pablo pudo escribir en su carta a la iglesia en Filipos: "Todo lo puedo en Cristo que me fortalece" (Fil. 4:13).

Para la mayoría de los cristianos, este versículo es solo una expresión bonita. Un lugar común espiritual que suena muy bien para citarlo. He conocido a muy pocos creyentes que lo toman literalmente y comprenden cómo vivir la plenitud de vida de la identificación con Jesucristo. Estos son los creyentes que van a experimentar la plenitud de su poder.

Pablo estaba en esa categoría. Para él, las palabras que escribió no eran solo una bonita expresión para repetirla y quedar bien. El apóstol sabía que estaba sujeto a una pértiga que podría llevarlo más alto de lo que él nunca podría llegar por su cuenta. De hecho, lo lanzó tan alto que terminó en el tercer cielo. Amigo, eso es muy alto. Eso no sucedió porque Pablo tuviera muchísima fe, sino más bien debido a que Pablo creía que Jesús tenía fe en sí mismo.

El apóstol Pablo nos enseñó que es Cristo en él, y Cristo en ti, el que produce la fe para la victoria. En su carta a la iglesia de Colosas, escribe: "a quienes Dios quiso dar a conocer las riquezas de la gloria de este misterio entre los gentiles; que es Cristo en vosotros, la esperanza de gloria" (Col. 1:27).

La meta de Pablo para los creyentes a los que él servía y alentaba fue que Cristo se manifestaría en sus cuerpos mortales. Él sabía que cuando Jesucristo se manifiesta en la vida de un creyente, el creyente comienza a funcionar de manera sobrenatural en vez de forma natural. Los creyentes tienen acceso a la vida abundante prometida en las Escrituras a través de permanecer con Cristo.

No puedo recalcar esto bastante. Lo que impide que Jesucristo se manifieste en tu vida es cuando tú vives para ti mismo y no para Él. Es cuando tú no mueres todos los días —no tomas tu cruz— y no quedas crucificado con Él de manera continua. Ese es el impedimento individual más grande que evita que experimentes todo el poder sobrenatural y victoria que Dios tiene reservado para ti. Mientras tú vivas para ti mismo y la cruz siga siendo un pensamiento distante de un pasado aún más lejano, no vas a maximizar plenamente la vida para la cual fuiste creado.

Amigo, tú no puedes identificarte con la cruz de Jesús siguiendo reglas. De hecho, la cruz acabó con el sistema de reglas y lo reemplazó con una relación. No puedes lograr esa victoria o acceder a ese poder por medio de la verificación de una lista. Tiene que ser hecho a través de un amor que honra y confía en la fe de Jesús en sí mismo y en lo que Él ha realizado.

Decir que la cruz no es suficiente es disminuir lo que la cruz logró. Añadir algo a la cruz —obras, justicia propia, deberes, o cualquier otra cosa— es anular la plenitud de su amor por ti. Es escupir en la cruz. Sé que es una forma gráfica de ver lo que tú piensas que podrías estar haciendo para vivir una vida cristiana; pero debes entender que la cruz ya logró todo para ti. Añadir algo a la misma es disminuir lo que Jesús ya hizo.

Pablo siguió después con su versículo de estar crucificado con Cristo con este mismo pensamiento. Él escribió: "No desecho la gracia de Dios; pues si por la ley fuese la justicia, entonces por demás murió Cristo" (Gá. 2:21). "Anular" algo es cancelarlo. Cuando tú sigues a la religión por encima de una relación con Jesucristo, has cancelado la gracia de Dios en tu vida, el don impresionante que la cruz de Cristo logró para ti.

Dios es libre para hacer llover su gracia sobre ti por lo que Jesús hizo en la cruz. Tú tienes esperanza simplemente porque Cristo está en ti: "Cristo en vosotros, la esperanza de gloria". Para que la gracia de Dios fluya en tu vida, tu atención debe centrarse en Él. Debe estar en Jesús. Debe estar en la cruz. Tu identidad debe estar todos los días en su crucifixión.

La mala noticia para la mayoría de la cristiandad hoy, basado en lo que yo veo, es que, aunque muchos son cristianos, pocos parecen conocer a Jesús. Jesús no está cerca, simplemente porque no hay una conexión viva con Él. Sí, hay un vínculo jurídico, pero no hay una relación de amor. Cuando tú cancelas la relación, cancelas —o anulas— la corriente de la gracia de Dios para ti.

Déjame explicarte esto con un ejemplo concreto. Digamos que tu refrigerador no funciona. Tu helado se está derritiendo y tu comida está empezando a echarse a perder. Así que te metes en la Internet e investigas cómo arreglarlo. Encuentras un manual para tu modelo específico y te muestra todas las partes de tu refrigerador. Dedicas mucho tiempo al estudio de ese manual. Lees el libro a fondo. Y, al tiempo que lo haces, intentas aplicar lo que vas aprendiendo de forma que mueves esto y ajustas aquello.

No obstante, no importa cuánto aplicas las instrucciones, nada parece estar funcionando. A decir verdad, todo lo que has hecho solo ha servido para dejarte frustrado y hacerte perder el tiempo, mientras que tus alimentos se pudren aún más. No hay nada en tu refrigerador que esté ya fresco.

Has estudiado el libro. Lo has examinado a fondo. Quieres de verdad que tu refrigerador funcione. De hecho, te has arrodillado para tocar y apretar todas las partes. Has hecho eso durante horas, y ahora el sudor corre por tu rostro.

Finalmente, después de todo lo que has hecho, alguien se acerca a ti y te da una sugerencia: "¿Por qué no lo enchufas?".

Amigo, no importa cuánto te esfuerzas y cuán duro trabajas, habrás desperdiciado tu tiempo y tu vida por completo si no vives conectado con el poder de la cruz de Jesucristo. Puedes ir al templo todos los días de la semana si así lo deseas. Puedes leer la Biblia de tapa a tapa. Puedes estudiarla, repetirla, y hablarles a otros acerca de ella. De hecho, puedes tratar de hacer lo que dice y hacerlo durante todo el día. Pero si has cancelado el flujo de la gracia de Dios en tu vida debido a la anulación de la cruz y de tu relación con Jesucristo, todo lo que hagas no significará nada.

Dios no es libre para hacer fluir su poder a través de ti si tú no estás identificado con la cruz. Si no tomas la decisión de morir a ti mismo y vivir para Él, continuarás simplemente existiendo en vez de maximizar el destino que Dios quiere que tengas.

Muchos creyentes hoy están bloqueando lo que Dios quiere hacer en ellos y por medio de ellos porque están tratando de llegar allí por sus propias fuerzas. Por desgracia, al hacerlo, cortan el conducto a través del cual fluye la gracia. Hacer lo mejor que puedas y trabajar más duro cada día no es lo que Dios quiere de ti. Él quiere tu corazón. Él quiere que tú te entregues a Él, que confíes en Él, que le ames y le experimentes. Él quiere una relación. En esa relación, Él quiere que tú tengas todo lo que es tuyo, en virtud del sacrificio de Cristo en la cruz.

alcanza la
victoria
financiera

tony evans

Tony Evans ayudará a los lectores a descubrir las respuestas a los problemas de la vida diaria al mostrarles que Dios tiene un propósito con su dinero. Evans explica que todo lo que pensamos que nos pertenece, en realidad, le pertenece a Dios. Y cuando pensamos en "nuestro" dinero de esa manera, podemos aprender a ser buenos mayordomos, o administradores, de lo que Él nos ha confiado.

Alcanza la victoria financiera presenta meticulosamente cómo deberíamos abordar el tema vital del dinero.

No dudes en leer este libro práctico y conciso.

TONY EVANS

¡BASTA YA DE EXCUSAS!

Sea el hombre que Dios quiere que sea

Para ser los hombres que Dios quiere que seamos, hace falta algo más que valor, sobre todo cuando nos enfrentamos a luchas personales que nos tocan de cerca.

Basándose en las vidas de Moisés, David, José, Jonás y otros hombres de la Biblia que se enfrentaron a lo peor, Evans arranca a los hombres de su fracaso y declara "¡Basta ya!". Evans nos demuestra que las luchas a las que nos enfrentamos ayer y hoy son precisamente los instrumentos que Dios emplea para hacernos mejores hombres para el mañana.

NUNCA ES DEMASIADO TARDE

El camino inesperado de Dios al éxito

TONY EVANS

Dr. Tony Evans utiliza personajes bíblicos importantes, cuyas acciones no fueron conformes al carácter de Dios, para ilustrar la verdad de que Dios se deleita en usar a las personas imperfectas que han fallado, pecado, o simplemente fracasado. Los lectores se sentirán alentados acerca de su propio caminar con Dios al entender que Él los está encaminando hacia el éxito, a pesar de las muchas imperfecciones que tienen y los errores que cometen.

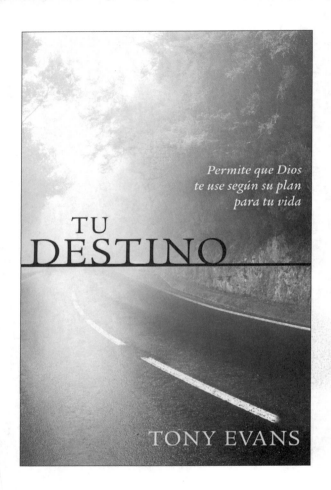

*Permite que Dios
te use según su plan
para tu vida*

TU
DESTINO

TONY EVANS

Los lectores se embarcarán en un viaje para descubrir su vocación especial, y el trayecto incluirá: reafirmar el plan de Dios para darles un destino único, usar herramientas prácticas para identificar su misión especial de Dios y crecer en la plenitud de su destino.

Entender los planes de Dios para su reino y el papel singular que ha asignado a cada embajador nos conducirá a un futuro que brilla con esperanza.

Victoria en la guerra espiritual

PREPÁRESE PARA LA BATALLA

TONY EVANS

En este estudio oportuno y único sobre la guerra espiritual, el Dr. Evans da a conocer una verdad simple pero radical: todas las luchas y los conflictos enfrentados en el mundo físico tienen su raíz en el reino espiritual.

Con pasión y claridad, el Dr. Tony Evans dilucida la guerra espiritual para que los lectores puedan prevalecer sobre sus dificultades y obstáculos por medio del poder espiritual, la autoridad de Dios.

EDITORIAL
PORTAVOZ

NUESTRA VISIÓN

Maximizar el efecto de recursos cristianos de calidad que transforman vidas.

NUESTRA MISIÓN

Desarrollar y distribuir productos de calidad —con integridad y excelencia—, desde una perspectiva bíblica y confiable, que animen a las personas a conocer y servir a Jesucristo.

NUESTROS VALORES

Nuestros valores se encuentran fundamentados en la Biblia, fuente de toda verdad para hoy y para siempre. Nosotros ponemos en práctica estas verdades bíblicas como fundamento para las decisiones, normas y productos de nuestra compañía.

Valoramos la excelencia y la calidad
Valoramos la integridad y la confianza
Valoramos el mérito y la dignidad de los individuos y las relaciones
Valoramos el servicio
Valoramos la administración de los recursos

Para más información acerca de nuestra editorial y los productos que publicamos visite nuestra página en la red: www.portavoz.com